Kaizen
E IMPLEMENTAÇÃO
DE EVENTOS KAIZEN

O77k   Ortiz, Chris A.
          Kaizen e implementação de eventos kaizen / Chris A. Ortiz ;
    tradução: Luiz Claudio de Queiroz Faria ; revisão técnica: Altair
    Flamarion Klippel ; coordenação e supervisão: José Antonio
    Valle Antunes Jr. – Porto Alegre : Bookman, 2010.
    167 p. ; 23 cm.

    ISBN 978-85-7780-698-0

    1. Administração – Controle da produção. 2. Administração
da qualidade. I. Título.

CDU 658.5

Catalogação na publicação: Ana Paula M. Magnus – CRB-10/Prov-009/10

Chris A. Ortiz

Kaizen
E IMPLEMENTAÇÃO
DE EVENTOS KAIZEN

Tradução:
Luiz Claudio de Queiroz Faria

Revisão técnica:
Altair Flamarion Klippel
Doutor em Engenharia PPGEM/UFRGS
Sócio-consultor da Produttare Consultores Associados

Coordenação e supervisão:
José Antonio Valle Antunes Jr.
Doutor em Administração de Empresas pelo PPGA/UFRGS
Professor do Mestrado e Doutorado em Administração da Unisinos
Sócio-diretor da Produttare Consultores Associados

2010

Obra originalmente publicada sob o título
Kaizen and Kaizen event implementation, 1st edition
ISBN 9780131584563

copyright © 2009

Tradução autorizada a partir do original em língua inglesa da obra intitulada Kaizen and Kaizen event implementation, 1ª edição, por Chris Ortiz, publicado por Pearson Education, Inc., sob o selo de Prentice Hall.

Capa: *Paola Manica*

Leitura final: *Gabriela Seger de Camargo*

Editora Sênior: *Arysinha Jacques Affonso*

Editora responsável por esta obra: *Júlia Angst Coelho*

Projeto e editoração: *Techbooks*

Reservados todos os direitos de publicação, em língua portuguesa, à
ARTMED® EDITORA S.A.
(BOOKMAN® COMPANHIA EDITORA é uma divisão da ARTMED® EDITORA S. A.)
Av. Jerônimo de Ornelas, 670 – Santana
90040-340 – Porto Alegre – RS
Fone: (51) 3027-7000   Fax: (51) 3027-7070

É proibida a duplicação ou reprodução deste volume, no todo ou em parte, sob quaisquer formas ou por quaisquer meios (eletrônico, mecânico, gravação, fotocópia, distribuição na Web e outros), sem permissão expressa da Editora.

Unidade São Paulo
Av. Embaixador Macedo Soares, 10.735 – Pavilhão 5 – Cond. Espace Center
Vila Anastácio – 05095-035 – São Paulo – SP
Fone: (11) 3665-1100   Fax: (11) 3667-1333

SAC 0800 703-3444

IMPRESSO NO BRASIL
PRINTED IN BRAZIL

Sobre o Autor

Chris Ortiz é o presidente e consultor executivo de produção enxuta da Kaizen Assembly. Ele passou a maior parte da sua vida profissional trabalhando para empresas da *Fortune 500*, ensinando-as a se tornarem mais eficientes. Chris também conduziu mais de 150 eventos kaizen pelo país. A clientela de sua empresa inclui Samson Rope Technologies Inc., Wood Stone, Hexcel Corporation, Messier-Bugatti, Engineered Solutions, Prince Castle, Bellingham Cold Storage, Absorption Corp., Erin Baker's Wholesome Baked Goods, Trans-Ocean e IKO Pacific Inc., entre outros.

Chris é o autor do livro *Kaizen Assembly: Designing, Constructing, and Managing a Lean Assembly Line* (CRC Press) e de *Lessons from a Lean Consultant: Avoiding Lean Implementation Failure on the Shop Floor* (Prentice Hall). As suas técnicas de implementação da produção enxuta têm sido apresentadas em várias revistas, jornais e periódicos, tais como *Industrial Engineer, Industrial Management, Process Cleaning Magazine* e muitas outras publicações comerciais. Ele é um palestrante ativo nas conferências e exposições sobre engenharia por todo o país.

Chris Ortiz pode ser contatado por e-mail em chrisortiz@kaizenassembly.com ou pelo seu website www.kaizenassembly.com.

Agradecimentos

Em primeiro lugar, agradeço a minha família: minha esposa, Pavlina, e meus dois filhos, Sebastian e Samuel. Sem o seu apoio e estímulo, seria praticamente impossível dedicar o tempo que dediquei a este livro. Todos os meus esforços profissionais são para garantir o nosso sucesso juntos.

Em segundo lugar, quero agradecer à equipe da Prentice Hall, que trabalhou por este livro, visando a torná-lo uma realidade. Quero agradecer ao meu editor, Bernard Goodwin, por sua paixão pela produção enxuta e por assumir o meu projeto.

Em terceiro lugar, gostaria de agradecer a todos os funcionários da Samson Rope Technologies nas instalações de Ferndale, WA e Lafayette, LA. A relação que desenvolvemos nos dois anos em que trabalhamos juntos foi altamente profissional e prazerosa. Obrigado por me deixarem usar a sua história neste livro.

Também é importante reconhecer os incontáveis profissionais da indústria com os quais tive o privilégio de trabalhar ao longo dos anos. Meus clientes são os verdadeiros especialistas; eu aprendo com eles e as relações que desenvolvi são fundamentais para o sucesso da minha empresa.

Apresentação à Edição Brasileira

A gestão para a realização de melhorias nos sistemas produtivos pode ter duas abordagens: *a*) a substituição de equipamentos em função do avanço tecnológico e *b*) a realização de melhorias incrementais a partir de uma postura gerencial que pretenda otimizar a utilização dos recursos disponíveis pelo aumento de sua eficiência operacional.

A primeira implica em investimentos e pode ser justificada pela defasagem tecnológica na qual uma organização se encontra. No entanto, antes que estes investimentos sejam realizados, deve-se saber com que eficiência os atuais recursos estão operando e se os investimentos são realmente necessários.

No Japão, no final da II Guerra Mundial, era difícil a realização de investimentos por parte das organizações pela falta de capital, exigindo a busca de alternativas para tornar as empresas japonesas competitivas.

Neste sentido, a Toyota Motor Company desenvolveu o Sistema Toyota de Produção (STP), propiciando a quebra de paradigmas consagrados na administração da produção, responsáveis pelo sucesso do Sistema Fordista de Produção. O desenvolvimento do STP foi feito a partir de melhorias incrementais, com foco nos processos ao longo do tempo.

As melhorias incrementais foram obtidas a partir do aprendizado no chão de fábrica (no Japão denominado de *gemba*) com o *genchi genbutsu*, ou "aprender fazendo", propiciando aos colaboradores a oportunidade de aprender, fazendo observações pessoalmente para compreender a situação e, após a sua compreensão, propor mudanças em busca de resultados operacionais.

Entre os conceitos, as ferramentas e metodologias que surgiram, destaca-se a metodologia kaizen, cuja tradução significa melhoria contínua, e que busca a integração do conhecimento de todos os colaboradores da empresa com o objetivo de eliminar os desperdícios existentes no sistema produtivo, reduzindo os custos operacionais e aumentando os ganhos com o aumento da produtividade e melhor utilização dos recursos disponíveis.

Na realidade, muito mais do que uma metodologia ou método, o Kaizen é uma filosofia e, portanto, trata-se de um comportamento cultural que deve existir em todos os níveis hierárquicos da organização, desde a alta gerência até os colaboradores do chão de fábrica.

Kaizen e Implementação de Eventos Kaizen é um livro no qual o autor, consultor de empresas, transmite a sua experiência na implementação de conceitos da produção enxuta em empresas americanas. O livro aborda a metodologia utilizada por ele para a implementação e a sedimentação de uma cultura *lean* nas organizações propondo, para tanto, a realização de eventos kaizen como forma de realizar uma mudança cultural e comportamental nos colaboradores.

De acordo com a metodologia apresentada, o autor sugere a criação de uma comissão gestora, composta por líderes da alta gestão, focada em todas as atividades relacionadas com os conceitos da produção enxuta na empresa. Merece destaque a proposição de que seja criada a função específica de coordenador de kaizen, cujo ocupante tem como responsabilidade manter a gestão comprometida com a implementação e sedimentação da cultura da produção enxuta na empresa.

Estruturalmente, o conteúdo deste livro está formatado em duas partes. A primeira parte compreende quatro capítulos e nela são apresentadas as noções básicas para a implementação de um programa de melhoria contínua; a segunda parte compreende três capítulos, nos quais são abordados os eventos kaizen a partir dos conceitos discutidos na primeira parte.

Por meio da experiência do autor, observa-se que, com metodologia, é possível implementar com sucesso os conceitos da produção enxuta nas organizações.

Desejamos que a leitura deste livro seja mais uma boa contribuição para auxiliar a todos aqueles envolvidos na implementação e sedimentação da cultura *lean* nas empresas brasileiras.

José Antonio Valle Antunes Júnior (Junico Antunes)
Altair Flamarion Klippel
Jacome Barbosa da Cruz
Paulo Gilberto Oliveira
Produttare Consultores Associados

Prefácio

Quanto tempo duram as ideias implementadas? Muitos de vocês podem ter embarcado em jornadas de produção enxuta ao longo dos anos, implementando o 5S, o fluxo de uma única peça, o trabalho padronizado, o kanban ou alguma outra coisa, mas parece que nada "pega." Vou ilustrar uma situação industrial familiar.

É um dia comum de atividades na fábrica da Empresa A. O supervisor de produção vai e volta, avaliando as interações entre as pessoas e os produtos, como um general que avalia as suas tropas antes da batalha. Uma sensação constante de urgência obriga os operários a ignorarem os procedimentos operacionais padrão e os critérios de qualidade fundamentais.

As estações de trabalho mal projetadas não se enquadram em nenhum critério de ergonomia ou segurança. O conteúdo do trabalho é seriamente desbalanceado, forçando os operadores a ficarem à procura de algo para fazer, em vez de trabalharem. Os componentes e os materiais apresentados a cada estação de trabalho estão mal organizados, logo os operadores perambulam procurando itens essenciais para a execução do seu trabalho.

O volume e a gestão das crises são preocupações típicas; as pessoas solucionam as questões conforme elas surgem, em vez de buscar soluções de longo prazo. O dia termina com a habitual reunião de produção, na qual ocorre a discussão sem entusiasmo de problemas e soluções rápidas.

Isso lembra a sua empresa?

Uma empresa na qual trabalhei anos atrás tinha uma cultura semelhante. Os esforços de decisão eram desorganizados. Havia pessoas demais envolvidas e elas trabalhavam sem direção. Eram criadas equipes pequenas e separadas para se concentrar simultaneamente em vários problemas e áreas. Havia muitas delas: uma equipe de melhoria contínua, uma equipe de engenharia de processos, uma equipe de engenharia de qualidade, uma equipe 5S e uma equipe de engenharia de produção enxuta.

Cada equipe recebia tarefas que a empresa considerava importantes para implementar a produção enxuta, reunindo-se regularmente para debater seus projetos e possíveis melhorias, sem saber o que os outros grupos estavam abordando.

Os membros da equipe tinham que fazer malabarismos entre as suas responsabilidades diárias e os esforços de melhorias atribuídos a esse grupo. Sem qualquer visão clara ou objetivos, as equipes trabalhavam durante meses, sem jamais resolver qualquer coisa. O resultado era participações inconstantes, tensão, moral baixo – e, pior de tudo, nenhum resultado.

Fica absolutamente claro que uma empresa como essa precisa de melhores meios para implementar os processos de produção enxuta, ainda que tal implementação não garanta necessariamente o sucesso, caso não haja apoio da alta gestão. Sem esse apoio e uma base para a mudança, as novas ideias cairão no esquecimento. É necessário foco, dedicação e comprometimento para efetuar e manter as melhorias de longo prazo.

A filosofia do kaizen, que significa melhoria contínua, pode criar essa base. Segue abaixo como um programa de kaizen empresarial pode ajudar uma companhia como a Empresa A:

1. **Criar um comissão de kaizen.**

   Não somente mais uma equipe, mas um grupo de líderes da alta gestão que oriente todas as atividades relacionadas ao evento kaizen. Eles são responsáveis por agendar esses eventos, escolher os membros da equipe e manter a todos incumbidos de completar os projetos no prazo. Uma comissão de kaizen pode priorizar as iniciativas de produção enxuta e escolher os membros da equipe a partir de vários grupos de engenharia para implementar a produção enxuta no chão de fábrica.

   Com o estabelecimento desta comissão gestora, não haveria mais equívocos sobre o que e quando fazer. Com o apoio da gestão, os membros da equipe podem dedicar 100% do seu tempo ao evento kaizen, tendo as suas responsabilidades diárias atribuídas a outras pessoas, até o término do evento.

2. **Criar um coordenador.**

   A Empresa A necessita de um funcionário que esteja totalmente dedicado a direcionar os esforços de melhorias contínua na organização. A única coisa na mente de um Coordenador do Kaizen é a produção enxuta. Ele pode ajudar a treinar os empregados nos fundamentos da produção enxuta e do kaizen. O Coordenador do Kaizen é responsável por monitorar as mudanças feitas a partir dos eventos kaizen e por manter os empregados cientes dos eventos vindouros.

3. **Treinar os funcionários.**

   Os funcionários da Empresa A, incluindo os operadores, precisam absorver os conceitos fundamentais da produção enxuta e do kaizen, tais como 5S, trabalho padronizado, gestão visual, redução das perdas e *takt time*. Com o passar do tempo, cada vez mais empregados começarão a entender a importância da produção enxuta e do kaizen, sendo criada uma cultura de agentes de mudança.

4. **Manter reuniões mensais.**

   A comissão de kaizen da Empresa A deve se reunir uma vez por mês e agendar eventos kaizen. Todos os eventos devem ser agendados com quatro semanas de antecedência, visando ao planejamento. Os membros de equipe devem ser escolhidos com duas semanas de antecedência para que possam se planejar de acordo com a necessidade e, com isso, para que seus gerentes possam se preparar para a sua ausência. Deve ser verificado o período de férias para assegurar que os membros da equipe estejam disponíveis para o evento. Esse intervalo de tempo de duas semanas permite que os membros da equipe façam ajustes internos, caso tenham que trabalhar fora do expediente.

5. **Conduzir eventos kaizen.**

   Os eventos kaizen são usados para implementar a melhoria contínua no chão de fábrica. Manter uma reunião mensal irá ajudar na evolução da cultura organizacional rumo à melhoria contínua. Antes que alguém possa retornar ao antigo modo de trabalhar, um outro evento kaizen deverá estar em andamento. Com o tempo, serão criados novos padrões e procedimentos, ficando mais difícil resistir às mudanças.

6. **Desenvolver visão e foco.**

   As chaves para implementar a produção enxuta são a visão e o foco. A Empresa A possui alguma visão, porém nenhum foco. As mudanças permanentes não ocorrerão se uma empresa simplesmente não se concentrar nas iniciativas de melhoria. Uma empresa pode ter em seu pessoal o maior talento de produção enxuta, mas sem a infraestrutura para estimular e apoiar as melhorias, estas não ocorrerão. Para o sucesso da produção enxuta é essencial o desenvolvimento de um programa de kaizen empresarial para atuar nessa visão e foco.

Kaizen e Implementação de Eventos Kaizen foi projetado para atender a dois propósitos. Primeiro, é um livro muito útil para os gerentes de fábrica e gerentes intermediários que sejam relativamente inexperientes em produção enxuta e que estejam buscando orientações para criar uma infraestrutura para a melhoria contínua. Segundo, pode ser empregado nas organizações que tenham recém iniciado as suas jornadas de produção enxuta e que precisem de novas ideias para acelerar seus programas. Os gerentes de fábrica, gerentes de engenharia, coordenadores de produção enxuta e até mesmo os diretores podem usar *Kaizen e Implementação de Eventos Kaizen* para dar partida na produção enxuta em suas organizações.

Kaizen e Implementação de Eventos Kaizen é uma ferramenta essencial para a sua empresa e pode ser usado com a finalidade de desenvolver uma poderosa e duradoura jornada de melhoria contínua para todos os leitores. Espero que vocês considerem este livro extremamente útil e que o empreguem como seu manual de campo nas implementações em sua organização.

Sumário

Introdução   21

PARTE I Noções Básicas de Kaizen   29

1 Kaizen e Eventos Kaizen   31

Kaizen   31
- A equipe do kaizen   32
- Líderes de kaizen   33
- Benefícios do kaizen   35

Eventos kaizen   36
- Erros comuns cometidos nos eventos kaizen   37
- Indicadores   40

2 O Programa de Kaizen Empresarial   45

Comissão gestora do evento kaizen   46
- Gestão de fábrica ou gestão geral   46
- Gestão de engenharia de produção   47
- Gestão da qualidade   48
- Gestão de operações ou da produção   48
- Gestão de recursos humanos   49
- Gestão de manutenção ou das instalações   50
- Gestão de compras ou materiais   50
- Supervisor de produção   51
- Representante dos operadores   51

Apresentando o coordenador do kaizen   52

Acompanhamento 53
    Escolha do evento kaizen 54
    Data e duração 56
    Líder da equipe do evento kaizen 56
    Membros da equipe de kaizen 56
    Pré-planejamento e responsabilidade pelo pré-planejamento 57
    Metas pré-evento 58
    Resultados atuais 58
    Orçamento e gastos do evento 59
    Itens de ação, responsabilidade e *status* 59
Comunicação do kaizen 61
    Quadros de comunicação do kaizen 62
    Boletim informativo do kaizen 62
    Caixa de sugestões do kaizen 63

3 O Coordenador do Kaizen 67

Por que um coordenador do kaizen? 68
Conjunto de habilidades do coordenador do kaizen 69
    Os sete desperdícios 69
    Produção enxuta como um modelo de negócio 70
    5S e programação visual do espaço de trabalho 70
    Kaizen e eventos kaizen 71
    Coleta de dados 71
    Redução do tempo de *setup* e troca de ferramentas 73
    Projeto de linha de produção e fluxo de trabalho 74
    Abastecimento de material 74
    Gestão de projetos 75
Escolhendo o coordenador do kaizen 75
    Opção interna 76
    Opção externa 76
Custo de um coordenador do kaizen 77
Responsabilidades do coordenador do kaizen 78
    Treinamento 78

Reunião mensal do kaizen 79
Quadros de comunicação 79
Boletim informativo do kaizen 79
Caixa de sugestões do kaizen 79
Planilha de acompanhamento do evento kaizen 80
Liderança da equipe 80
Acompanhamento do item de ação 80
Monitoramento de outras iniciativas de produção enxuta 81

Alternativas 81
Por que um coordenador do kaizen? 82

4 Agendamento do Evento Kaizen 83

Quatro semanas antes do evento kaizen 84
Escolher o processo/departamento/área de trabalho que será o foco do evento 84
Fazer uma lista provisória dos membros da equipe de kaizen 85
Escolher o líder da equipe do evento kaizen 86
Estabelecer as metas da equipe 87
Estimar os gastos do evento 87
Providenciar os suprimentos 88
Atualizar o sistema de comunicação do kaizen 89
Agendar o auxílio externo 89
Realizar a análise de desperdício da área 89

Duas semanas antes do evento kaizen 90
Concluir a seleção dos membros da equipe de kaizen 90
Atualizar os suprimentos e os recursos externos 91
Pedir aos membros da equipe que percorram a área escolhida 91
Escolher uma sala onde a equipe possa se reunir 91
Analisar os dados coletados e começar a propor ideias de projeto 92

Uma semana antes do evento kaizen 92
Obter informações sobre a condição atual 92
Reunir-se com os membros da equipe de kaizen 93
Colocar todos os suprimentos no local de reunião da equipe 93
Reunir-se com o gerente da fábrica ou geral 93

Preparar os alimentos   94
Considerações finais sobre o cronograma   94

PARTE II Eventos Kaizen   95

5 Eventos Kaizen 5S   97

Quatro semanas antes de começar   97
   Escolher a área   98
   Escolher o líder da equipe   98
   Escolher provisoriamente os membros da equipe   99
   Estabelecer as metas   99
   Gastos e suprimentos do evento   99
   Atualizar o sistema de comunicação do kaizen   100
   Identificar o local de reunião da equipe de kaizen   100
   Agendar o auxílio externo   100

Duas semanas antes de começar   100
   Concluir a seleção dos membros da equipe de kaizen   100
   Atualizar os suprimentos e os recursos externos   100
   Pedir aos membros da equipe para percorrerem a área escolhida   101

Uma semana antes de começar   101
   Obter informações sobre a condição atual   101
   Reunir-se com os membros da equipe de kaizen   101
   Colocar todos os suprimentos na sala de reuniões da equipe   102
   Reunir-se com o gerente da fábrica ou geral   102

Hora de começar!   102
   Primeiro dia: classificar   102
   Segundo e terceiro dias: organizar e limpar   107
   Quarto dia: padronizar   111
   Quinto dia   112

Eventos 5S de manutenção   113
   Primeiro dia: classificar   114
   Segundo e terceiro dias: organizar e limpar   114

Quarto dia: continuar   115
Quinto dia   115
Dicas de manutenção do 5S   116
   Criar um procedimento de limpeza para o final do dia   116
   Fazer uma inspeção diária por turno   116
   Estabelecer uma planilha de auditoria do 5S   117
   Criar e manter uma planilha de acompanhamento do 5S   118
   Elaborar um programa de incentivos de 5S   118

6 Evento Kaizen de Trabalho Padronizado   119

Pré-planejamento   120
   Tempo efetivo   120
   Exigências de volume   120
   Takt time   121
   Análise do processo   121
Primeiro dia   126
   Equipe da etiqueta vermelha   127
   Examinar as informações sobre o balanceamento da linha   128
   Concluindo o evento de etiqueta vermelha   129
   Reunião do final do dia   130
Segundo dia   130
   Projeto de linha de produção   130
   Reunião do meio-dia   131
   Limpeza/brilho   131
   Projetos de manutenção e oficina   132
   Apresentação das ferramentas   132
   Quadros sombreados   133
   Submontagens   133
Terceiro dia   134
Quarto dia   134
   Criar os sinais das estações de trabalho e dos *racks* de componentes   135
   Marcar o chão de fábrica com fita   136
   Determinar os níveis de produção da submontagem   136

Instalar os quadros sombreados e as luzes de sinalização 137

Quinto dia 138

7 Estudo de Caso: Samson Rope Technologies, Inc. 139

Janeiro de 2007 140

Treinamento em kaizen e implementação de eventos kaizen 141

O retorno 142

Avaliação da produção enxuta e sessões de estratégia 143

Programa de kaizen da Samson Rope 144

   Comissão gestora do kaizen 144

   Comunicação 144

   Caixa de suprimentos do evento kaizen 145

   Reunião mensal 145

Evento kaizen N° 1, 7-11 de maio de 2007: célula 5, célula 8 e montagem 145

Continuação do 5S 148

Evento kaizen N° 2, 24–28 de maio de 2007: manutenção 148

Completando o 5S 150

Evento kaizen N° 3, 3-7 de dezembro de 2007: revestimento 151

2007 concluído 152

Lafayette, LA: avaliação da produção enxuta 152

Evento kaizen N° 1, 20-22 de fevereiro de 2008: Large Rope 901 153

Evento kaizen N° 2, 7-11 de abril de 2008: área G, área D e área B 155

Evolução da Samson Rope: Ferndale e Lafayette 156

Outros empregados da Samson Rope que merecem reconhecimento 157

8 Conclusão 159

Índice 161

Introdução

A produção enxuta não é um conceito baseado em um "programa". Isso dificulta o seu aprendizado para muitos profissionais porque todos nós gostamos de boas orientações passo a passo. Na sua forma mais simples, a produção enxuta trata de eliminar o desperdício ou o esforço sem valor agregado numa empresa. Eliminar ou diminuir desperdício é uma batalha interminável, e, ao se concentrar continuamente nisso, uma empresa pode reagir melhor às necessidades de seus clientes e também pode operar em níveis de performance mais eficientes. Para entender o fenômeno da produção enxuta, deve-se aprender as ferramentas embutidas na filosofia e enxergar como elas estão entrelaçadas. O kaizen é uma dessas ferramentas. O kaizen e a produção enxuta muitas vezes são confundidos; muitas pessoas acham que o kaizen é a produção enxuta, mas ele é apenas parte da filosofia de produção enxuta.

As ferramentas de produção enxuta utilizadas mais comumente são:

- Kaizen
- 5S
- Trabalho padronizado
- Redução do tempo de *setup** e troca de ferramentas
- Kanban
- Qualidade na fonte
- Manutenção preventiva total (TPM)

---

* N. de R. T.: O *setup* é o ato de trocar e ajustar os dispositivos e as ferramentas de uma determinada estação de trabalho que está produzindo um determinado tipo de peça para poder produzir outro tipo de peça; o tempo de *setup* ou tempo de preparação é o tempo decorrente (no qual a estação de trabalho fica inativa) desde a última peça boa do lote anterior até a primeira peça boa do lote seguinte. Neste tempo estão incluídos os ajustes necessários após a troca de ferramentas. O tempo de *setup* é composto de um tempo interno, no qual são feitas atividades com a estação de trabalho necessariamente inativa (p. ex.: troca de punções em uma puncionadeira) e seu tempo externo, no qual são feitas atividades que não exigem a parada de trabalho (p. ex.: busca de ferramentas para realizar a troca).

KAIZEN

Kaizen é uma palavra japonesa para "melhoria contínua". O kaizen envolve todos os empregados de uma empresa, os quais se concentram nas melhorias de processo. O primeiro trecho da jornada de produção enxuta é confundido frequentemente com a produção enxuta em si, mas kaizen não significa produção enxuta. A produção enxuta trata de remover os desperdícios; o kaizen trata de melhorias contínuas. O kaizen faz parte da produção enxuta. Este livro se concentra no kaizen e no uso dos eventos kaizen.

5S E LOCAL DE TRABALHO VISUAL

5S é uma metodologia de organização, limpeza, elaboração e sustentação de um ambiente de trabalho produtivo. Os 5S são:

- **Seiri* (classificar):** o ato de remover todos os itens desnecessários de uma área de trabalho;
- **Seiton (organizar):** organizar o que é necessário, de modo que tudo tenha o seu lugar e que sua identidade e localização estejam claramente demarcadas;
- **Seiso (limpar):** limpar tudo;
- **Seiketsu (padronizar):** manter a consistência no local de trabalho visual;
- **Shitsuke (manter):** manter as melhorias e melhorar continuamente a partir delas.

Um local de trabalho visual é aquele sem desordem e com melhor visibilidade dos problemas de modo que os empregados possam ser mais pró-ativos. Itens como ferramentas, componentes, documentação e suprimentos podem ser localizados facilmente para um acesso mais rápido. O 5S sozinho é uma ferramenta de melhoria extremamente poderosa para a produtividade, qualidade e segurança, mas também para a aparência do local e o moral mais elevado das pessoas. Assim como o kaizen, o 5S é apenas uma parte da produção enxuta.

TRABALHO PADRONIZADO

Uma outra poderosa ferramenta de melhoria é o *trabalho padronizado*. O trabalho padronizado é essencialmente a "melhor prática". É um conjunto

---

* N. de R. T.: O programa 5S é um conjunto de cinco conceitos simples. O termo 5S é derivado das cinco palavras japonesas, todas iniciadas pela letra S.

consensual de procedimentos de trabalho que estabelece os métodos mais eficientes, confiáveis e seguros, assim como as sequências para cada processo e cada trabalhador. Num ambiente de trabalho padronizado todos possuem papéis e responsabilidades claros. Mais importante, as pessoas e as máquinas são utilizadas em seu potencial mais pleno, assim como as cargas de trabalho são distribuídas igualmente. Por exemplo, o conteúdo de trabalho requerido em cada estação de trabalho numa linha de montagem deve ser delineado em detalhes e os tempos de ciclo devem ser os mais semelhantes possíveis. Isto viabiliza um fluxo melhor e coloca a mesma carga de trabalho sobre cada indivíduo. Se um operador tiver cinco minutos de valor de trabalho numa estação e um outro tiver três minutos e meio, então eles não estão igualmente equilibrados; ou a pessoa com cinco minutos de trabalho está sobrecarregada ou o operador com três minutos e meio de trabalho está subcarregado, dependendo das exigências de fluxo. O tempo da pessoa com três minutos e meio de trabalho não está maximizado; por isso, a empresa é menos produtiva.

Os abastecedores de material devem ter rotas e rotinas específicas, bem como áreas de responsabilidade definidas. Uma pessoa que opera um componente de um equipamento deve seguir determinadas tarefas de *setup* e execução, assim como este trabalho deve estar associado a um padrão de tempo. Para garantir a produtividade mais elevada e o melhor uso do tempo, o operador da máquina precisa seguir este trabalho padronizado. O trabalho padronizado é apoiado por meio da documentação apropriada, com instruções de trabalho que delineiam as exigências do trabalho. Estas instruções podem ter a forma de instruções de montagem, instruções de *setup*, instruções de troca, mapas e rotas de manejo de materiais, procedimentos de limpeza e procedimentos de ativação. A lista pode prosseguir indefinidamente. O trabalho padronizado é parte integrante da produção enxuta e deve ser incorporado em algum momento.

REDUÇÃO DO TEMPO DE *SETUP* E TROCA DE FERRAMENTAS

A redução do tempo de *setup* e do tempo associado à troca de ferramentas é imprescindível num ambiente de produção enxuta. O *setup*, por definição, não tem valor agregado; o cliente não está disposto a pagar pelo tempo ou custo extra gerados para sua organização ao realizá-lo. A troca de ferramentas é o processo de configuração de uma máquina, equipamento ou de uma linha de produção para um outro processo ou produto. Este tempo representa inatividade, durante a qual nenhum trabalho com valor agregado está sendo realizado. Muitas fábricas têm tempos de *setup* excessivos quando as máquinas ou processos não estão em operação. As empresas podem criar muitos problemas com tempos de *setup* longos.

Os produtos em processamento (WIP) e acabados, em excesso, podem se acumular. Em vez de fazer trocas mais frequentes, o fabricante simplesmente produz mais do que o necessário, sabendo que o tempo de inatividade será significativo. Este é um cenário do tipo "o que aconteceria se...", no qual há uma antecipação dos pedidos ou da necessidade futura do componente ou produto. O problema não é a saída; é o longo tempo de troca. O estoque extra pode aumentar o custo interno da organização. O custo do estoque adicional não é simplesmente o custo dos componentes; é necessária uma infraestrutura inteira para mantê-lo e controlá-lo. Isso requer pessoas, espaço no chão de fábrica, *racks* e prateleiras, *software*, empilhadeiras, papelada e computadores. O estoque pode ser danificado enquanto estiver armazenado ou lotes inteiros podem ser fabricados incorretamente e o problema pode não emergir durante meses, até que o item seja retirado para satisfazer um pedido – quando já é tarde demais. Logo, é extremamente importante reduzir o tempo associado aos *setups* e trocas numa jornada de produção enxuta.

KANBAN

O *kanban* é um sistema de reposição de materiais que incorpora sinais, instruções para puxar a produção, pistas visuais, escaninhos, cartões, contenedores etc., para ajudar a coordenar as transações de materiais e componentes por toda a fábrica e com os fornecedores. O material e os componentes são mantidos em quantidades específicas em contenedores, quando necessário. Implementar um sistema kanban ajudará a sua empresa a reduzir a quantidade de estoque e a prever um fluxo de material melhor. Ele ajudará a simplificar o agendamento e aumentará a produtividade.

A quantidade de materiais ou componentes para cada item kanban depende do volume do produto, do tamanho do componente, do tempo de execução a partir do almoxarifado, dos tempos de execução do fornecedor, das quantidades do fornecedor, das tendências de mercado e das variações no seu *mix* de modelos. Cada sistema kanban, como todos os sistemas de produção enxuta, deve ser feito sob medida para cada modelo e estrutura de negócio. Não existe um "tamanho único".

QUALIDADE NA FONTE

Qualidade na fonte é uma abordagem à qualidade que coloca nas mãos do operador ou no ponto de origem a responsabilidade pela identificação dos erros. A implementação bem-sucedida desta ferramenta de produção enxuta requer uma mudança radical na maneira pela qual os supervisores e operadores enxergam a qualidade. Qualidade não é responsabilidade apenas do departamento de controle de qualidade. O processo no qual o produto é manufaturado deve ser executado, visando permitir que os trabalhadores da linha de produção reconheçam os erros antes que se tornem defeitos. O desenvolvimento de uma cultura pró-ativa é necessário quando se trata de qualidade na fonte, devendo ser ensinada uma mentalidade de prevenção de erros, em vez da reação aos problemas.

    Deve-se exigir que os trabalhadores da linha de produção realizem verificações de entrada e saída especificadas em cada unidade ou com frequência razoável. A linha de produção ou área de trabalho também deve possuir as ferramentas de verificação de qualidade apropriadas. Quando os operadores conferem o seu trabalho e o de seus colegas, as chances de um defeito ocorrer diminuem rapidamente. Uma vez que o produto atinja um meio-termo ou ponto de inspeção final, ele deve passar sem quaisquer questionamentos para a estação seguinte. Levará um tempo para mudar a mentalidade dos trabalhadores, os quais podem se basear apenas em conferências no final da linha de produção para medir a qualidade. Neste sistema de produção enxuta a qualidade é função de todos.

MANUTENÇÃO PREVENTIVA TOTAL (TPM)

Se você tiver uma fábrica que utilize máquinas e equipamentos, a TPM será uma ferramenta de produção enxuta muito valiosa. A TPM é uma abordagem de manutenção preventiva (PM) que confere responsabilidades ao empregado e que engloba a manutenção pró-ativa da máquina. Em primeiro lugar, máquinas, ferramentas e gabaritos devem estar configurados para trocas rápidas, operações fáceis e manutenção preventiva. Você deve treinar adequadamente seus operadores em *setup*, troca de ferramentas e uso do equipamento, incluindo a segurança necessária e os procedimentos de limpeza. Evite adquirir equipamentos baratos e potencialmente não confiáveis. Embora haja uma economia de custos a curto prazo, no longo prazo a economia inicial se perderá em tempo de inatividade, qualidade ruim e prazos perdidos, assim como o equipamento poderá colocar em risco a segurança do trabalhador.

Um programa de TPM deve consistir em três níveis. O primeiro nível é a TPM necessária para o operador da máquina. Estas tarefas incluem a limpeza diária e a verificação das condições de operação, tais como os níveis de fluido, calor e potência. A TPM do primeiro nível é relativamente simples e deve ser realizada diariamente. O segundo nível de TPM é o trabalho realizado com menos frequência por um departamento de manutenção, talvez uma vez na semana ou no mês, dependendo do uso da máquina. Algumas vezes a TPM de segundo nível requer a desmontagem total ou parcial da máquina para reparos ou substituição de peças. O terceiro nível de TPM é o trabalho realizado pelo fabricante da máquina. Isso deve ser feito uma ou duas vezes ao ano. Todos os níveis deste programa de TPM valem o investimento em tempo e dinheiro para assegurar que o seu equipamento possa trabalhar em níveis ótimos de produtividade e que dure por todo o seu ciclo de vida.

OS SETE DESPERDÍCIOS

Na verdade, a finalidade de um evento kaizen é bem simples: eliminar ou diminuir o desperdício. Falo em *diminuir* porque não existe um local de trabalho totalmente sem desperdício. Provavelmente, com o que já foi mencionado nesta introdução você pode juntar algumas peças. Os conceitos discutidos são implementados para diminuir o desperdício e podem ser efetivados por meio de eventos kaizen ou quaisquer outras atividades relacionadas ao kaizen. Vamos percorrer os sete desperdícios, já que eles são o foco de todas as iniciativas de melhoria e a razão pela qual este livro foi escrito.

- **Superprodução**: O ato de produzir mais do que o necessário, antes de se tornar necessário e mais rápido do que o necessário. A superprodução é, de longe, o tipo de desperdício mais comum numa organização, podendo gerar outros desperdícios.
- **Processamento***: Isto ocorre quando é difícil enxergar quando algo está concluído. Por exemplo, esmerilhar, lixar e polir podem ser feitos de forma excessiva porque é difícil manter um senso de conclusão do trabalho

---

* N. de R. T.: O desperdício por processamento corresponde a parte do processamento (mudança de forma ou montagem) que não agrega valor para o cliente. Por exemplo, a fixação de uma peça com cinco parafusos, quando apenas três são suficientes, sem que haja perda de qualidade. Todo o trabalho adicional para a realização de mais duas fixações, desnecessárias, caracteriza o desperdício por processamento.

de uma pessoa para a outra. O esforço ou as etapas redundantes e a excessiva verificação são exemplos de desperdício por processamento. Se os operadores precisarem desembalar componentes dos fornecedores na linha de produção antes de instalar esses componentes, eles estarão realizando este tipo de desperdício.

- **Movimentação**: A movimentação desnecessária das pessoas na fábrica ou na área de trabalho em geral, tal como procurar componentes ou ferramentas, deixando a área de trabalho por qualquer razão e movendo fisicamente os produtos e componentes. Provavelmente, a movimentação é o segundo desperdício mais comum.
- **Espera**: Quando os processos de manufatura e os operacionais estão dessincronizados e as pessoas e as máquinas ficam ociosas.
- **Transporte**: Movimentação de material (matéria-prima, WIP e produtos acabados).
- **Estoque**: Níveis excessivos de matéria-prima, WIP e produtos acabados em relação ao tempo de atravessamento e as exigências de entrega.
- **Defeito/retrabalho**: Erros de qualidade que se tornaram onerosos e não foram impedidos.

No decorrer da sua jornada de produção enxuta você aprenderá outras filosofias e ferramentas que podem ser usadas para diminuir o desperdício.

A forma como você usa e mescla estas ferramentas depende da sua cultura, empresa e processos. Mais importante, todas elas fazem parte simplesmente da filosofia de produção enxuta. Este livro é dedicado ao ensino do kaizen e dos eventos kaizen. O primeiro capítulo irá resumir a luta de uma empresa para a implementação da produção enxuta em sua organização. Como os empregados fazem malabarismos para lidar com múltiplos projetos, lidam com as questões do dia a dia e são solicitados a jogar em todas as posições, é difícil encontrar tempo para a produção enxuta. Na sequência, o capítulo irá focar os detalhes mais importantes do kaizen e dos eventos kaizen, comparando os dois e mostrando os erros comuns cometidos no desenvolvimento de um programa de kaizen.

O conceito de um programa de kaizen empresarial é descrito então no Capítulo 2. Os tópicos incluirão a comissão gestora do evento kaizen e um coordenador do kaizen, que fica 100% dedicado à esta atividade. Ele também discutirá o monitoramento e o agendamento dos eventos kaizen, bem como a comunicação de kaizen. Este capítulo lhe dará informações sobre como juntar as peças do programa que abordará a mudança em andamento.

O capítulo seguinte é inteiramente dedicado ao debate sobre o coordenador do kaizen. O coordenador do kaizen é essencialmente o carregador da tocha da produção enxuta e está incumbido de ajudar a direcionar todas as iniciativas de produção enxuta e do kaizen. A escolha ou recrutamento desta pessoa não deve ser subestimada. É uma posição de alta visibilidade e a pessoa que a ocupar pode fazer a diferença entre ter uma produção enxuta moderadamente bem-sucedida ou muito bem-sucedida.

O Capítulo 4 é dedicado à preparação do evento kaizen, incluindo os cronogramas, a escolha da equipe, a escolha do líder da equipe, os objetivos e os suprimentos do evento kaizen.

Os primeiros quatro capítulos estabelecem as bases para o restante do livro. Os Capítulos 5 e 6 descreverão como se usa os eventos kaizen para a implementação do 5S, trabalho padronizado, kanban e projeto de uma nova linha de produção. Eles lhe ajudarão a enxergar como os eventos kaizen são utilizados na implementação e nas melhorias em andamento na sua organização. Cada evento kaizen é concluído com uma apresentação formal, chamada apresentação de prestação de contas, e uma visita orientada ao chão de fábrica. É importante convidar o máximo possível de funcionários da empresa para esta reunião de prestação de contas, de modo que a equipe possa discutir as suas realizações e como elas melhoraram o desempenho e a cultura do negócio.

Finalmente, o Capítulo 7 é dedicado a um estudo de caso de uma empresa chamada Samson Rope Technologies, localizada em Ferndale, WA e em Lafayette, LA, que utilizou as informações deste livro para iniciar uma jornada de produção enxuta.

PARTE I

Noções Básicas de Kaizen

A primeira parte deste livro destina-se a delinear os aspectos fundamentais do programa de kaizen de uma empresa. Descreverei a diferença entre o kaizen como filosofia e os eventos kaizen, o mecanismo de implementação de muitas iniciativas de produção enxuta. Serão discutidos o coordenador do kaizen, a comissão gestora do kaizen, a comunicação, as reuniões, a caixa de suprimentos do kaizen e as etapas importantes no planejamento dos eventos.

Kaizen e Eventos Kaizen   1

Quando as empresas tomam a decisão de embarcar numa jornada de produção enxuta, frequentemente elas têm algumas ideias equivocadas a respeito desse tipo de empreitada. Em primeiro lugar, algumas delas acreditam que a produção enxuta é um programa com critérios definíveis de início e fim. Além disso, presumem que este "programa" tem direção e caminho claros, que ditam o quê e quando fazer. Se a produção enxuta for incorporada com esta mentalidade, as chances de fracasso são muito altas. Os conceitos de produção enxuta e kaizen são incorporados no negócio de uma maneira que seja adequada à empresa. Se eu comparasse como cada um dos meus clientes adotou a produção enxuta, descobriria uma grande semelhança: eles *começaram*. Uma vez iniciada uma jornada de produção enxuta, não existe um caminho fixo ou uma orientação genérica.

Não estou querendo dizer que as jornadas de produção enxuta não envolvam a definição de objetivos, a redução do desperdício, a melhoria da entrega dentro do prazo, a diminuição do estoque ou do tempo de atravessamento, por exemplo; mas, a forma como cada empresa trabalha para alcançar esses tipos de indicadores é diferente. Você não pode adotar as práticas de uma organização e aplicá-las à sua organização exatamente da mesma maneira. Observo com frequência esta confusão quando ensino o "fenômeno" da produção enxuta. As pessoas lutam para unir os pontos e enxergar como isso funcionará em sua organização. Este é o primeiro equívoco que pretendo debater neste capítulo.

KAIZEN

Kaizen é uma palavra japonesa para "melhoria contínua e mudança incremental." A filosofia do kaizen trata de envolver todas as pessoas na organização para que se concentrem nas melhorias globais dessa organização. A base da produção enxuta é a eliminação dos desperdícios, visando responder melhor às necessidades do cliente no que diz respeito à entrega dentro do prazo, ao custo competitivo e à qualidade mais elevada. Mais importante, o kaizen enfatiza o desenvolvimento de uma cultura voltada para o processo e direcionada para aprimorar a forma com que a empresa trabalha. Pense na quantidade de processos que existem numa empresa. Geralmente, um processo possui um ponto de início e um ponto de término. Esclarecendo, o processo de manufatura e montagem de um produto começa com a fabricação dos componentes a partir da matéria-prima; depois, esses componentes são montados para fabricar o produto final. Este é um exemplo simples, mas o meu ponto de vista é que o processo pelo qual esses produtos são criados termina em algum ponto, senão não restaria nada tangível. Vamos aplicar este conceito a um ambiente administrativo. Existe um processo pelo qual um pedido de compra é criado ou um contrato é gerado. Ambos os processos possuem um início e um fim, quando a compra é concluída e enviada para o depósito ou chão de fábrica, ou quando o contrato é assinado por ambas as partes.

Ao eliminar o desperdício, uma organização se torna mais produtiva, garantindo que atenda às necessidades dos clientes. Isso trará um ganho financeiro para a organização, mas você não conseguirá vender a ideia da produção enxuta a uma cultura se promover apenas a sua economia de custos. Sejamos honestos; o custo menor, a qualidade melhor e a entrega no prazo não estimularão todos os funcionários a mudarem o seu modo de pensar. A filosofia do kaizen coloca muito mais coisas sobre a mesa. Mudar a cultura de uma empresa é uma batalha permanente e você deseja obter resultados que possam ser atingidos o mais rapidamente possível. Logo, em essência, o kaizen trata de ensinar e orientar as pessoas para que se tornem melhores no que fazem em todos os aspectos de seu trabalho. A compra de equipamentos caros ou de *software* não trará a mudança cultural necessária para tornar a produção enxuta bem sucedida. Estes tipos de gasto criam habitualmente uma melhoria única com esforço mínimo. De modo algum isso quer dizer que não exista a necessidade de despesas de capital, porém o kaizen não significa gastar muito dinheiro.

Assim, fazendo referência ao que escrevi anteriormente, não há um mapa perfeito para lidar com a cultura empresarial, sendo esta cultura que irá determinar o seu nível de sucesso e que irá distinguir a sua empresa das demais organizações.

A equipe do kaizen

Algumas empresas colocam a responsabilidade pela melhoria dos processos nos engenheiros e gerentes de produção. Geralmente, esses indivíduos sugerem as ideias iniciais para melhorar uma área de trabalho, conduzir a análise e o pré-planejamento e depois implementar a mudança. Os trabalhadores da produção sentem que o novo processo está sendo "empurrado" para eles porque não tiveram a oportunidade de sugerir melhorias. Não é uma regra geral, mas ainda é uma prática muito comum. Nas organizações baseadas no kaizen, as melhorias dos processos envolvem todos, da liderança executiva até o trabalhador iniciante. Isso inclui a criação da ideia de melhoria, análise do processo, fases de preparação, implementação e treinamento. A filosofia do kaizen não apenas encoraja os trabalhadores da produção a sugerirem melhorias, mas também estimula que o façam. Isso pode ser difícil de ser aceito por alguns líderes porque significa essencialmente abrir mão de um pouco de sua autoridade no processo de melhoria. Já me deparei com muitos gerentes de fábrica e outros mais graduados que acham difícil delegar a tomada de decisão para a empresa. As jornadas de produção enxuta mais bem sucedidas ocorrem, porém, quando os gerentes superiores e até mesmo os executivos recuam e proporcionam um ambiente que alimenta a mudança. Quando se permite que as pessoas falem abertamente e façam mudanças a partir de suas próprias perspectivas, as possibilidades são infinitas. Os gerentes que permitem e encorajam este comportamento verão muito mais progresso na jornada de produção enxuta de sua organização do que aqueles que tendem a tomar eles mesmos as decisões.

Líderes de kaizen

Como o kaizen e a produção enxuta se encaixam na visão de uma empresa? Uma ilusão comum aos líderes empresariais é a de que a produção enxuta é a única estratégia de negócio para a empresa. Na verdade, a produção enxuta é uma estratégia de negócio, mas ela não deve ser o foco que engloba tudo. Conforme as organizações desenvolvem a sua visão e foco, a produção enxuta tem que ser um componente com um papel importante. Mais uma vez, os conceitos de produção enxuta e kaizen, quando tudo está dito e feito, fornecem valor ao cliente na forma de custo, qualidade e entrega. A cultura de uma empresa deve ser voltada para a melhoria contínua porque cada cliente é diferente e as expectativas estão sempre mudando. A transformação na produção enxuta é uma ferramenta para obter uma relação melhor com os clientes, mas existem outras ferramentas na estratégia de uma empresa, tais como melhorar as relações com os fornecedores, treinar e dirigir os empregados, acrescentar linhas de produto e captar novos mercados e segmentos comerciais. Estes são exemplos de possíveis "pilares" que fariam parte de uma estratégia maior. Um destes pilares é a produção enxuta/kaizen.

Tornar-se um líder de kaizen leva tempo porque os líderes fazem parte da cultura da empresa assim como os engenheiros, o pessoal da manutenção e os trabalhadores da produção. A transformação num líder de kaizen não acontece da noite para o dia. Como mencionei na seção anterior, os líderes de kaizen têm que aprender a abrir mão de um pouco de sua autoridade e concedê-la a todas as pessoas na empresa de modo que a mudança e as melhorias possam se disseminar na organização. Depois disso, os líderes não devem se concentrar no ganho financeiro da produção enxuta, mas sim em usar o kaizen para ajudar a desenvolver o seu pessoal.

No meu livro anterior, *Lessons from a Lean Consultant*, escrevi um capítulo inteiro chamado Simplificando a Liderança na Produção Enxuta. A mentalidade dos líderes empresariais que praticam técnicas reativas de gestão – fazendo com que o seu pessoal trabalhe muitas horas e usando-os como engrenagens de um mecanismo – é devastadora para a jornada de produção enxuta. Permita-me resumir aquele capítulo.

Minhas experiências pessoais no campo da produção enxuta me ensinaram muitas coisas valiosas, especialmente como tratar as pessoas. As empresas que tenho assistido perceberam rapidamente que era necessária uma nova abordagem de liderança para garantir o sucesso nos seus empreendimentos de produção enxuta. Eu não fui, de modo algum, um empregado perfeito nos anos iniciais de implementação das técnicas de kaizen e, na verdade, também era um pouco resistente à produção enxuta. Entretanto, sempre mantive a crença de que a minha resistência era normal e admirava meus grandes líderes de produção enxuta. A base da liderança em nossa jornada de produção enxuta está no modo como tratamos as pessoas.

Resgatei tudo o que aprendi com as minhas experiências e agora as utilizo para conduzir empresas de uma maneira que me parece justa e equitativa. As organizações que estão embarcando na produção enxuta precisam de líderes eficientes, que entendam a importância das contribuições do empregado e o quanto seus esforços e atitudes afetam o sucesso ou fracasso de uma empresa. Certos líderes corporativos precisam perceber que embora as práticas agressivas possam resultar no sucesso financeiro de curto prazo, elas também colocam a empresa no caminho que leva a um futuro incerto.

Os líderes na produção enxuta são apenas seres humanos; portanto, tipicamente eles se conduzem de uma maneira que reflete a sua personalidade. Se os indivíduos geralmente são indispostos e reativos à mudança, suas técnicas de gestão refletirão estas características e afetarão o moral das outras pessoas por meio de sua linguagem corporal bem como de suas palavras. Os indivíduos felizes e pró-ativos tendem a liderar da mesma forma. Os líderes de produção enxuta que não deixarem a negatividade influenciar as suas ações criarão um séquito de pessoas positivas.

As técnicas de gestão que refletem personalidades podem ser categorizadas das seguintes maneiras. A má liderança na produção enxuta resulta definitivamente na ausência de motivação, baixo desempenho, alto absenteísmo e, por fim, na alta rotatividade de empregados. Os maus líderes de produção enxuta são facilmente identificáveis porque eles têm algumas ou todas as características seguintes. Se concentram em suas próprias necessidades pessoais, em vez das necessidades profissionais da sua equipe; são reativos, ao invés de pró-ativos; são maus ouvintes; são preguiçosos ou desmotivados; são teimosos ou fechados às novas ideias; são lentos na adaptação às mudanças; apontam culpas em vez de assumirem responsabilidades; fornecem direções ruins ou obscuras; não têm ideia de quem são as pessoas da equipe; são reservados; nunca estão disponíveis; suas portas estão sempre fechadas; temem o fracasso; não dão suporte ao seu pessoal; têm dificuldade de desenvolver seus empregados; exercem a liderança por meio do controle, manipulação e coerção. Nenhuma dessas qualidades é útil para engajar com sucesso as pessoas na produção enxuta.

A liderança eficiente na produção enxuta não se baseia em controle, coerção e manipulação. Os líderes na produção enxuta se concentram no futuro e não no passado. Eles ganham respeito pela sua capacidade de inspirar as outras pessoas a trabalharem na direção de objetivos específicos. Os líderes eficientes na produção enxuta ajudam as outras pessoas a se tornarem melhores; criam locais de trabalho que atraem bons indivíduos e mantêm os funcionários felizes, motivados a perseguir a excelência e focados na melhoria contínua.

O kaizen é simplesmente uma mentalidade e uma filosofia de mudança e melhoria permanentes. Como um praticante da produção enxuta, quase sempre me perguntam como lidar com a resistência à mudança. Não existe um modelo ou orientação perfeitos para lidar com pessoas. Você e sua empresa têm que trabalhar continuamente com seus funcionários e fornecer o suporte e a responsabilidade de que eles precisam para fazer deles os próprios agentes da mudança.

Benefícios do kaizen

As equipes de kaizen são criadas para proporcionar um impacto rápido e pró-ativo na organização. Cada membro da equipe é escolhido a dedo, de acordo com a sua capacidade de realizar melhorias mensuráveis e não mensuráveis. Os eventos kaizen ensinam às pessoas os conceitos de trabalho em equipe, cumprimento de prazos, interação com personalidades diferentes e busca da excelência como um todo, além de expandir a criatividade dos empregados. As relações profissionais e pessoais são desenvolvidas durante os eventos kaizen e continuam após o término desses eventos. Estes são exemplos de benefícios não mensuráveis que permitem que a organização desenvolva uma cultura voltada para a melhoria contínua. O outro lado dos eventos kaizen é mais mensurável: as equipes fazem melhorias nos indicadores-chave, que não só beneficiam a empresa a partir de uma perspectiva de desempenho, mas que melhoram, no fim das contas, o relacionamento com o cliente em relação ao custo melhor, entrega no prazo e maior qualidade.

EVENTOS KAIZEN

É importante aprender a teoria que sustenta o kaizen quando você inicia a sua jornada de produção enxuta. Agora, vamos ver como transformar esta filosofia em ação. Chamado muitas vezes *projeto de melhoria rápida*, um evento kaizen é um intervalo de tempo estabelecido e agendado para permitir que um grupo de empregados se reúna e implemente a produção enxuta visando eliminar o desperdício. A questão central deste livro é mostrar como se pode criar um programa de kaizen empresarial e, ainda mais importante, como agendar, conduzir e acompanhar os eventos kaizen.

Os eventos kaizen são estruturados em relação ao tempo, sendo fortemente baseados em projeto. Entretanto, as empresas podem adotar uma postura onde elas apenas esperam pelos eventos kaizen para fazer melhorias. Isso se chama *evento-produção enxuta*. Os eventos kaizen admitem o efeito de "impacto e admiração", podendo impactar positivamente o desempenho da empresa, mas o teste da capacidade de uma empresa em manter a continuidade do entusiasmo é identificar as oportunidades de eliminação dos desperdícios entre os eventos kaizen.

Em condições ideais, uma empresa deve tentar chegar a um ponto onde possa conduzir eventos kaizen mensalmente. Não espere conseguir isto no primeiro ano. Talvez, no início, seja melhor agendar eventos kaizen a cada trimestre ou em meses alternados. Isso depende da sua cultura, programação de produção e de que outros projetos e atividades importantes estejam em andamento na empresa. Meu trabalho neste livro é lhe dar informações que permitam agendar eventos kaizen mensalmente. Com o passar do tempo, você se tornará apto a planejá-los e conduzi-los.

Muitas organizações usam os eventos kaizen, mas ainda não conseguem criar uma cultura que englobe a mudança, sendo que muitas iniciativas de melhoria ficam aquém de seus objetivos culturais e financeiros. A razão disso é que a empresa não possui infraestrutura para manter todas as pessoas envolvidas motivadas e, mais importante, querendo mais. Os eventos kaizen podem se tornar incômodos para algumas pessoas, caso sejam desorganizados e estejam sob uma gestão que não apoie os esforços. A gestão deve estabelecer uma orientação clara sobre a importância dos eventos kaizen e colocar objetivos específicos diante de cada equipe. Neste livro irei delinear esses ingredientes importantes do programa.

Erros comuns cometidos nos eventos kaizen

Os eventos kaizen exigem foco e planejamento antecipado sólidos. Uma empresa terá que alocar recursos e investir tempo e dinheiro no programa. O kaizen e seus eventos não requerem muito dinheiro, mas, com toda a honestidade, será gasto dinheiro. Contudo, a taxa de retorno será surpreendente. As equipes de kaizen também precisam de objetivos estabelecidos diante de si para que sejam desafiadas e estimuladas. Nunca inicie um evento kaizen sem estabelecer objetivos para a equipe. Aqui estão alguns erros comuns cometidos no planejamento e na condução dos eventos kaizen:

- Falta de comunicação
- Falta de planejamento
- Má escolha da equipe
- Falta de objetivo

Falta de comunicação

A comunicação será abordada detalhadamente no Capítulo 3, mas permita-me descrevê-la brevemente aqui. O erro que as organizações cometem é não comunicar a todos os empregados que a produção enxuta e o kaizen são uma cultura empresarial. Conforme os eventos kaizen são agendados, eles devem se fazer conhecer e a sua importância deve ser compreendida. Todas as pessoas devem saber quando os eventos kaizen irão ocorrer, quem está na equipe, quem é o líder da equipe, que área foi escolhida e os objetivos da equipe. Deste modo, a fábrica saberá quem será dispensado de suas responsabilidades normais para se concentrar no evento kaizen. A comunicação contínua sobre os projetos de produção enxuta mostra comprometimento por parte da liderança e que os eventos kaizen não deixarão de ocorrer.

Há poucos anos, eu estava discutindo uma potencial parceria com o gerente de uma fábrica que produz luminárias. Esta organização estava realizando eventos kaizen e já durava três anos a sua jornada de produção enxuta. A conversa levou à importância dos eventos e da comunicação contínuos. O gerente acreditava basicamente em saturar o seu pessoal com informações sobre os eventos kaizen e, independente de outras atividades organizacionais, já havia sido agendado um projeto de melhoria. Nas palavras dele: "haja o que houver, temos um evento kaizen." Antes que a cultura pudesse retornar para as rotinas estabelecidas e os negócios como de costume, um outro evento kaizen estava a caminho. A informação contínua sobre o progresso da jornada de produção enxuta é essencial para manter acesa a chama da iniciativa.

Falta de planejamento

O planejamento sólido antecipado é fundamental para o sucesso dos eventos kaizen. Quando eu era um jovem engenheiro industrial ainda aprendendo sobre a produção enxuta, entrei em contato com muitos consultores e instrutores. Alguns dos ensinamentos iniciais sobre eventos kaizen não enfatizavam a necessidade de pré-planejamento. O líder devia entrar no primeiro dia de um evento kaizen e realizar o treinamento e a análise desse dia. Fazia-se muito pouca preparação e, como eu usava esta filosofia, percebi como isto afetava negativamente os resultados do projeto. Alguns eventos kaizen exigem muito pouca preparação e outros envolvem análise prévia. No Capítulo 4, desmembrarei as tarefas chave que devem ser concluídas antes dos eventos kaizen, começando com quatro semanas de antecedência até um dia antes do evento.

A quantidade de atividades de pré-planejamento irá variar de acordo com o evento kaizen. Pode ser necessário analisar o desperdício, conduzir estudos de tempo ou mapeamento de processos e analisar o fluxo para estabelecer uma condição atual. Pode ser preciso providenciar suprimentos, como fitas de marcação do chão, caixas, *racks*, sinais, pintura e etiquetas. Talvez, a empresa queira trazer funcionários das fábricas irmãs ou dos fornecedores para participarem do evento. Pode ser necessário reservar ou alugar ferramentas e equipamentos. É importante pensar nessas coisas com antecedência para garantir que tudo esteja pronto para o evento.

Má escolha da equipe

O aspecto mais importante de qualquer evento kaizen é a escolha dos funcionários adequados para participar – reunir uma boa combinação de talentos e disciplinas. Como foi mencionado neste capítulo, a produção enxuta e o kaizen envolvem todas as pessoas, logo, as suas equipes de kaizen serão diferentes a cada vez. Um erro cometido com frequência quando se reúne as equipes de kaizen é o de não escolher as pessoas da linha de produção. Os operadores e o pessoal da linha de frente possuem conhecimento íntimo do processo e do produto; assim, fazer com que eles comprem a ideia desde o início é um procedimento chave para manter as melhorias. Cada equipe precisará de uma pessoa de manutenção, operadores de linha de produção, engenheiros, gerentes, almoxarifes (se for o caso) e talvez um outro funcionário de escritório. A quantidade de membros da equipe dependerá da complexidade do evento kaizen e do que precisa ser alcançado; discutirei isso com mais detalhes no Capítulo 3. Ao reunir uma equipe de kaizen diversificada, você permite que o grupo sugira muitas ideias de melhoria mais do que provavelmente surgiria de uma equipe que consistisse apenas em engenheiros e gerentes.

Falta de objetivo

Um programa de kaizen empresarial é estabelecido e colocado para funcionar como uma base para realizar e manter as melhorias. Parte desta base é a definição de objetivos. As equipes de kaizen precisam de objetivos claros por parte da empresa. O objetivo final da produção enxuta é satisfazer as necessidades do cliente. Além de desenvolver relações positivas e saudáveis, as expectativas do cliente tomam a forma dos três norteadores do negócio: custo, qualidade e entrega. O trabalho de uma organização é descobrir o equilíbrio competitivo entre os três. Se uma organização estiver satisfazendo ou ultrapassando as expectativas de entrega no prazo, de custo dos produtos e serviços e de qualidade dos serviços para os seus clientes, então está se concentrando nas coisas certas. Portanto, como a produção enxuta se vincula ao custo, qualidade e entrega? E, no que diz respeito aos objetivos da equipe de kaizen, que tipo de indicador deve ser aprimorada? A Figura 1-1 ilustra a conexão entre a melhoria dos indicadores e a melhoria das expectativas dos clientes. Todos os indicadores podem afetar negativamente ou positivamente o custo, a qualidade e a entrega. Os objetivos de cada equipe de kaizen devem se concentrar em pelo menos dois desses indicadores, uma vez que eles estão diretamente ligados ao cliente.

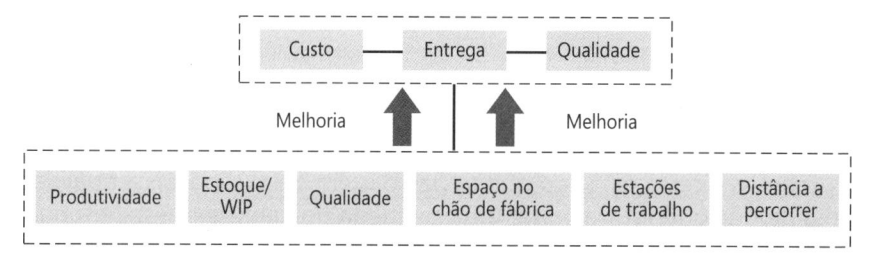

Figura 1-1 Conexão dos indicadores.

Indicadores

Produtividade

A produtividade é melhor quando mais produtos são feitos e mais serviços são realizados com menos esforço. Quanto menos material, componentes, mão de obra, tempo, utilitários, papelada, processos e etapas forem necessários, mais reduzidos serão os custos. A qualidade é aprimorada porque as chances de erro diminuem. Menos etapas significam transformação mais rápida e melhor entrega. As equipes de kaizen devem perseguir sempre as metas de aumento da produtividade.

Estoque/WIP

Existem essencialmente três tipos de material: matéria-prima, produtos parcialmente acabados e produtos 100% acabados. O metal laminado (matéria-prima) pode ser cortado em pequenos pedaços como suportes, placas ou tampas. Esses componentes se tornam então um produto em processamento (WIP), podendo ser colocados num produto e passados para uma outra etapa de processamento. Os produtos parcialmente acabados passam por vários estágios de montagem ou processamento até se tornarem um produto acabado e pronto para a venda. Independente do estágio em que se encontre este material, ele custa dinheiro. O estoque deve ser mantido num mínimo por toda a fábrica, a despeito de sua fase na fabricação. Os processos de fabricação devem ser curtos, com poucas operações, de modo que não se acumule o WIP desnecessário. O WIP pode esconder erros de qualidade que podem levar eventualmente ao retrabalho. As equipes de kaizen podem concentrar seus esforços na redução dos níveis de estoque e de WIP. Obviamente, um nível mais baixo de estoque pode reduzir o custo, mas também pode melhorar a qualidade ao criar uma melhor visibilidade dos problemas que podem esconder potencialmente o WIP excessivo. Além disso, grandes volumes de WIP são pontos de interrupção do fluxo ou de movimentação lenta que podem afetar a entrega de maneira adversa.

Qualidade

A melhoria da qualidade é essencial para manter e conquistar clientes. A última coisa da qual você precisa é ser conhecido como um mau fornecedor de produtos e serviços. Sinto que as pessoas em geral são leais à qualidade acima de qualquer outra coisa. Uma pequena porcentagem está em busca do negócio mais barato, mas no fim das contas a qualidade prevalece.

A qualidade inicia com a cultura que uma organização desenvolveu, particularmente com uma mentalidade de prevenção pró-ativa dos erros em vez de lidar reativamente com os problemas. Os erros irão acontecer se os seres humanos fizerem parte do processo de produção. Mesmo nos ambientes altamente automatizados, as máquinas e equipamentos exigem a interação humana como no *setup*, na manutenção, na programação, na limpeza e na troca de ferramentas. O resultado de um processo automatizado é, no máximo, tão bom quanto a intervenção humana.

O conceito de qualidade na fonte é uma abordagem eficiente de produção enxuta para a qualidade, que coloca a responsabilidade pela verificação e conferência do produto no momento da manufatura. Os trabalhadores de linha de frente da produção precisam inspecionar o produto em vários estágios de fabricação para garantir que os erros estejam sendo percebidos. Erros são baratos; os defeitos não. Os operadores devem fazer determinadas inspeções de entrada e saída por todo o processo. Eles devem inspecionar o trabalho realizado no processo anterior, ou por um funcionário anterior, e depois realizar a sua própria tarefa e, então, realizar uma inspeção de qualidade no trabalho que acabaram de fazer. A qualidade na fonte resulta numa extraordinária melhoria na qualidade global. Quando as inspeções são realizadas por todo o processo, há muitos olhos sobre o produto. Isso resulta num produto praticamente sem erros no momento em que alcança um ponto de inspeção mais formal no fim da linha de produção. As autoverificações e as inspeções sucessivas são muito comuns numa jornada de produção enxuta, mas somente a implementação correta dessas inspeções garantirá que elas sejam executadas. As metas da equipe de kaizen para a qualidade podem ser as de reduzir os custos de sucateamento, as horas de retrabalho e testes, por exemplo. Estas medidas definitivamente reduzirão os custos, o produto final terá uma qualidade melhor e com menos erros e retrabalho, assim como as datas de entrega prometidas serão atingidas.

Espaço no chão de fábrica

As indústrias muitas vezes usam de forma exagerada o seu espaço existente no chão de fábrica, conforme os itens desnecessários começam a se acumular. Além disso, os processos em si são muito longos e muito amplos, o que resulta em caminhos mais longos para os componentes e produtos. Com o tempo, menos espaço fica disponível para a produção e o crescimento. As vezes os fabricantes surgem com planos de expandir fisicamente as instalações existentes para acomodar novas linhas e produtos. Afirmo que você deve "enxugar antes de acrescentar." As equipes de kaizen podem se concentrar em reduzir o espaço no chão de fábrica que está sendo usado para os processos atuais. Uma vez que o espaço esteja sendo melhor utilizado, podem ocorrer novas implementações de produto ou aumentos de capacidade. Quando o espaço no chão de fábrica é reduzido, o custo é diminuído porque as empresas começam a adotar abordagens pró-ativas ao adquirir itens para o chão de fábrica, comprando apenas quando algo for realmente necessário. A qualidade é maior porque menos desordem significa menos chance de dano aos componentes. O melhor uso do espaço no chão de fábrica significa processos menores e mais simples que o ajudarão a cumprir as exigências de entrega. Menos complicações, menos distância e menos obstáculos físicos significam entrega no prazo.

Estações de trabalho

Dependendo do tipo de operação, as empresas podem usar uma montagem manual tradicional com as estações de trabalho. Se você for na usinagem, você pode ter máquinas de controle numérico por computador, fresadoras, furadeiras de bancada e outros tipos de equipamento controlado por computador. Talvez o seu processo inclua áreas de trabalho onde os trabalhadores da produção tenham simplesmente um lugar para trabalhar. Independente do tipo de área de trabalho no chão de fábrica, a quantidade certa de pessoas, máquinas e estações é essencial para um desempenho melhor. Algumas vezes é simplesmente uma questão de criar uma melhor relação entre pessoas e máquinas, uma utilização mais eficiente do equipamento ou um tempo de atividade mais elevado. Essa composição correta precisa estar efetivamente associada à demanda.

A diminuição das estações de trabalho ou o seu melhor uso caminham lado a lado com o espaço no chão de fábrica e a produtividade. Ter menos estações de trabalho significa menos "coisas" – menos bancadas, componentes, prateleiras, ferramentas, papelada, gabaritos, luzes etc. O uso da quantidade apropriada de estações de trabalho restringe o número de pessoas no processo e, portanto, diminui a chance de erro. Mais uma vez, não estou falando em perda de emprego, mas apenas no uso mais inteligente das pessoas e do trabalho que elas executam. As equipes de kaizen têm como objetivo reduzir a quantidade de estações de trabalho, consolidar processos ou apresentar uma carga de trabalho mais equilibrada entre os operadores. A diminuição da quantidade de estações de trabalho diminui o custo associado com itens adicionais e trabalho em excesso. A qualidade é aprimorada e o conteúdo de trabalho entre os operários é equilibrado e mais bem definido, de modo que as áreas de trabalho possam ser melhor utilizadas. Menos estações e processos necessários para concluir os produtos significam entrega mais rápida.

Distância a percorrer

Os processos que demoram mais do que o necessário geram muito desperdício. As linhas de produção mais longas e os caminhos de fluxo dos componentes requerem mais pessoas, tempos de execução mais extensos e aumentam o estoque. A distância a percorrer está 100% ligada à entrega. Leva mais tempo para alguma coisa percorrer cerca de 100 metros do que 10 metros. Quanto mais tempo um produto estiver em produção, mais dinheiro ele custará. A título de exemplo, dirigi um evento kaizen onde exigiu-se que a equipe reduzisse a distância a percorrer em 30%. Era uma meta razoável e a equipe concentrou seus esforços de redução de desperdício em atingir esta meta. Depois de calcularem a quantidade correta de estações de trabalho para a linha de montagem, equilibrarem o trabalho entre as estações e implementarem o fluxo unitário de peças, a distância a ser percorrida reduziu de aproximadamente 100 metros para 15 metros. Ao eliminar 85 metros da distância a percorrer, a equipe reduziu o tempo de atravessamento em 82%, passando de 11 horas para 2 horas. Pense nos clientes esperando pelos produtos nessas linhas de produção... entrega, entrega, entrega!

Assim, as equipes de kaizen podem ter metas de redução da distância a percorrer baseadas na respectiva linha de produto. O custo é reduzido apenas porque isto requer menos esforço para terminar o produto. A qualidade é melhorada porque há menos distância a percorrer e menos chances de erro. E a entrega – bem, acho que já falei o suficiente sobre isso.

O Programa de Kaizen Empresarial 2

Um programa de kaizen empresarial atua como a política organizacional para a produção enxuta e a melhoria contínua. Como qualquer outra política operacional, este programa existe para garantir que sejam feitas as melhorias e que a gestão esteja por trás dos esforços. Nos estágios iniciais de uma jornada de produção enxuta, as empresas se deparam com vários desafios e obstáculos que dificultam a eficiência e a rapidez com que os novos processos de produção enxuta são implementados.

Os engenheiros de produção, por exemplo, têm um conjunto de responsabilidades que lhes exige lidar com os problemas diários, escrever procedimentos, atualizar listas de materiais e treinar o pessoal da produção. Os gerentes são ainda mais ocupados, já que têm autoridade sobre várias pessoas, compareçem a incontáveis reuniões e participam dos processos de tomada de decisão. E não nos esqueçamos dos supervisores de chão de fábrica, que supervisionam as linhas de produção e os processos diariamente, interagindo com os operadores e chefes de linha, apagando incêndios e gerenciando crises de hora em hora. Quando eles têm tempo para a "produção enxuta"?

Como a produção enxuta pode ser implementada de uma maneira organizada, inteligente e eficiente? Muitas vezes falta algo na jornada de produção enxuta de uma empresa, que é uma base que inclua a melhoria contínua. Essa base é um programa de kaizen empresarial.

Este capítulo será dedicado a descrever os elementos do programa de kaizen empresarial:

- Comissão gestora do evento kaizen
- Coordenador do kaizen
- Acompanhamento
- Comunicação do kaizen

Depois, abordarei como personalizar o programa para a sua organização.

COMISSÃO GESTORA DO EVENTO KAIZEN

O primeiro elemento do programa de kaizen que deve ser implementado é uma comissão gestora, com tomadores de decisão chave na empresa que agendem e supervisionem todas as atividades relacionadas à produção enxuta e ao kaizen. Essa comissão fornece os recursos e o tempo necessários para os demais empregados, visando assegurar que haja progresso na jornada de produção enxuta e que as equipes de kaizen sejam apoiadas. A comissão gestora do evento kaizen é responsável por várias tarefas e iniciativas, sendo o seu apoio que ajudará a mudar lentamente e implementar a cultura para a melhoria contínua.

As estruturas organizacionais variam em tamanho e nos cargos que utilizam para as diferentes posições, de modo que não existe uma estrutura perfeita para a comissão que possa ser usada em qualquer empresa. Entretanto, certos setores e áreas de responsabilidade precisam ser considerados na comissão. Logo, antes que eu possa esboçar os requisitos da comissão, relaciono uma lista de cargos e por que as pessoas que detêm esses cargos devem ser membros. Mais uma vez, veja por que cada posição está na comissão e decida quem na sua organização preenche este papel.

- Gestão da fábrica ou gestão geral
- Gestão de engenharia de produção
- Gestão da qualidade
- Gestão de operações ou de produção
- Gestão de recursos humanos
- Gestão de manutenção ou de instalações
- Gestão de compras ou materiais
- Supervisor de produção
- Representante dos operadores

Gestão de fábrica ou gestão geral

A maioria dos fabricantes dispõe de uma pessoa que supervisiona todo o chão de fábrica. Chamado com frequência gerente da fábrica ou gerente geral, esta pessoa deve fazer parte da comissão gestora do evento kaizen. Em primeiro lugar, o gerente de fábrica é um dos tomadores de decisão chave na empresa, bem como uma influência no estabelecimento das metas da empresa e na condução da produção enxuta sob a ótica de um "capitão" – basicamente, um dos criadores da visão de produção enxuta original. O gerente da fábrica aprovará orçamentos para o programa de kaizen e para cada evento kaizen. Cada membro da comissão se reporta essencialmente ao gerente da fábrica, logo, esta pessoa está ali para manter todos os gerentes de nível alto e médio na comissão com a responsabilidade de disponibilizar as pessoas apropriadas e auxiliar cada evento kaizen. Entretanto, o gerente da fábrica não tem a última palavra sobre o que está envolvido na jornada de produção enxuta; a comissão como um todo toma essa decisão.

Todos os projetos e iniciativas de produção enxuta sendo conduzidos no decorrer de cada ano devem estar alinhados com a estratégia de produção enxuta de sua empresa. Essa estratégia de produção enxuta se baseia em resultados mensuráveis, que foram discutidos no Capítulo 1; produtividade, qualidade, tempo de atravessamento, espaço no chão de fábrica, estoque e quantidade de estações de trabalho são indicadores que, quando implementados, podem realizar mudanças positivas na entrega dentro do prazo, no custo e na qualidade global para os seus clientes. Uma estratégia de produção enxuta delineia as metas para a empresa e todos os esforços na melhoria contínua devem ser direcionados para essas metas. Não esqueça que a comissão também irá acompanhar e monitorar os projetos menores fora dos eventos kaizen estruturados. Logo, a função do gerente da fábrica é assegurar que tudo o que for planejado pela comissão gestora do evento kaizen esteja alinhado com a estratégia.

Gestão de engenharia de produção

Os departamentos de engenharia podem ser extremamente diferentes de uma empresa para outra. As empresas menores podem até não ter um "departamento", mas podem ter uma pessoa que dê o suporte técnico apropriado para os processos de produção. Se você não tiver propriamente um gerente, então serve alguém que trabalhe nos processos de produção globais. Os departamentos de engenharia de produção, ou até mesmo os de engenharia industrial junto com as pessoas, executam muitos serviços para a empresa. Estes departamentos são responsáveis pelo leiaute da linha de produção, organização dos equipamentos, coleta de dados, elaboração das instruções de trabalho, resolução de problemas na linha de produção, treinamento dos trabalhadores da linha de produção e realização de alterações de engenharia nos produtos. Eles também podem realizar os testes e o suporte à qualidade.

Os gerentes de engenharia de produção devem fazer parte da comissão. As equipes de kaizen e outras equipes menores com perfil mais simples farão melhorias de processo que podem envolver novas configurações da linha de produção, mudanças no conteúdo do trabalho, modificação nos procedimentos de testes e inspeção, redução das linhas de produção, desenvolvimento de novos procedimentos de troca de ferramentas e muitas outras modificações voltadas aos "processos". É essencial que o gerente de engenharia de produção disponibilize os recursos necessários de seu departamento para orientar a equipe de kaizen conforme o necessário. Também deve haver algum suporte adicional para realizar observações e análises dos futuros processos a serem utilizados na melhoria. Esse departamento pode ajudar a coletar estas informações e fornecê-las à equipe de kaizen ou a qualquer um que necessite dos dados (descreverei a coleta de dados em capítulos posteriores).

Gestão da qualidade

O gerente da qualidade pode disponibilizar muitas informações durante a fase de pré-planejamento. As equipes de kaizen precisarão de informações sobre a qualidade interna e externa de cada produto e processo. Os dados de qualidade interna, tais como retrabalho, refugo, taxas de defeito, rendimento de primeira passagem e taxas de rejeição, são informações valiosas para se coletar de forma que as equipes possam fazer melhorias nesses indicadores. Além disso, as informações coletadas a partir dos clientes podem ser utilizadas potencialmente. O volume de reclamações, as chamadas de serviço técnico no local e as reivindicações de garantia, por exemplo, podem auxiliar os esforços de kaizen e os relativos aos eventos kaizen. Nem todas as questões de qualidade de campo ou dos clientes estão diretamente relacionadas à fábrica, mas os dados externos ainda podem exercer uma função na melhoria da qualidade.

Assim como os demais gerentes na comissão gestora do evento kaizen, o gerente da qualidade deve indicar as pessoas certas de seu departamento para auxiliar a equipe na elaboração das novas instruções de trabalho e nos procedimentos de testes e inspeção. O gerente da qualidade também pode dar suporte adequado para orientar a equipe em relação à abordagem correta para a proteção das partes dos equipamentos durante a instalação das novas estações ou células de trabalho.

Gestão de operações ou da produção

A pessoa responsável em sua estrutura organizacional pelos trabalhadores da produção, chefes de linha e supervisores na sua fábrica deve fazer parte da comissão. O sucesso de quaisquer melhorias implementadas, independentemente de serem pequenas ou grandes, depende desses trabalhadores da linha de frente que participam diretamente do processo. O gerente da produção pode ajudar a criar a visão e chamar a atenção para a responsabilidade exigida para manter as melhorias. Os trabalhadores da produção e os chefes de linha serão os primeiros a resistir e o gerente da produção deve ser forte e positivo ao liderar as pessoas no novo processo de produção enxuta.

Os eventos kaizen são agendados com antecedência, de modo que os gerentes na comissão possam fazer as preparações apropriadas. Os eventos kaizen terão um impacto negativo de pouca duração no processo esperado na medida em que forem feitas as mudanças. O gerente da produção pode preparar os operadores e fazer ajustes na programação conforme o necessário. Os trabalhadores podem precisar passar para um segundo turno durante o evento kaizen; as horas extras podem ser necessárias para fazer dispositivos utilizados durante o período de parada ou simplesmente para fornecer recursos adicionais para o processo durante o evento visando apoiar os trabalhadores da produção.

Os eventos kaizen usarão os trabalhadores da produção e o gerente da produção terá que ajustar a sua mão de obra durante o evento kaizen. Como todos os demais gerentes, o gerente da produção é responsável por treinar os empregados em algum nível. Conforme forem feitas mudanças na linha de produção ou no processo, será necessário novo treinamento e o gerente poderá alocar os recursos para ajudar. A razão principal para o gerente da produção participar da comissão gestora do evento kaizen é que ele irá apoiar ou dificultar as melhorias que estão sendo implementadas. As pessoas que se reportam ao gerente da produção devem saber que o seu líder está 100% comprometido com as mudanças.

Gestão de recursos humanos

O departamento de recursos humanos (RH) exerce uma função vital nos esforços de melhoria contínua da empresa. A razão óbvia é que o RH é responsável por todos os empregados, incluindo o gerente da fábrica, e possui informações específicas sobre cada um deles. Por exemplo, durante os eventos kaizen a participação deve ser de 100% e, conforme os membros da equipe forem escolhidos, o RH pode verificar a programação de férias. Mais importante, o RH deve saber quais empregados estão disponíveis ou têm outras restrições relacionadas com o trabalho. Talvez os funcionários que estejam sendo selecionados para o evento kaizen já estejam comprometidos com outro treinamento durante a semana ou venham a estar fora da fábrica.

Conforme as empresas desenvolvem um programa de kaizen mais forte, o treinamento contínuo passa a ser importante. O treinamento de novos empregados é fundamental porque cada novo funcionário deve ser conscientizado da importância da produção enxuta. O RH terá que modificar o programa de orientação ao novo funcionário na empresa e estabelecer currículos introdutórios de produção enxuta e kaizen. O departamento de RH deve estar completamente envolvido e apoiar totalmente os esforços de produção enxuta.

Gestão de manutenção ou das instalações

Dependendo das necessidades da organização, podem ser necessárias mudanças no leiaute da fábrica e em todos os processos de produção visando o melhor fluxo dos produtos, componentes e informações. Seja por meio dos eventos kaizen ou a partir de mudanças graduais no decorrer do tempo, o departamento de manutenção é extremamente importante para os equipamentos e as linhas de produção. Pode ser muito demorado desconectar e conectar o ar e as linhas elétricas. Podem ocorrer quedas de rede e as linhas elétricas podem ser de tensões variáveis. O tempo associado com alguns desses movimentos pode ser longo. A sua organização irá usar esse departamento em todos os eventos kaizen. O gerente de manutenção deve ceder a pessoa certa de seu departamento para dar suporte à equipe de kaizen. Mais importante, conforme as linhas de montagem, células de trabalho e equipamentos são movimentados, todos eles devem estar em condições de operação para os trabalhadores da produção quando as movimentações estiverem concluídas.

O pessoal da manutenção também é muito bom em projetar e construir prateleiras, gabaritos, suportes de ferramentas e outras bugigangas personalizadas para as estações de trabalho. Em quase todos os eventos kaizen que eu vi, o membro da equipe de manutenção esteve ocupado soldando, cortando, serrando, lixando e pintando alguma coisa para a equipe. O pessoal da manutenção é muito criativo e pode ter ideias ótimas para a apresentação das ferramentas, componentes, dispositivos de teste, luzes e documentação. Percebo, porém, que nem todas as empresas têm o luxo de possuir um departamento de manutenção equipado com soldadores, furadeiras, capacidade de corte e outros grandes recursos. Conforme você desenvolver a sua estrutura de produção enxuta, você pode querer considerar a possibilidade de ter os recursos em algum nível para apoiar essas necessidades.

Gestão de compras ou materiais

Conforme as mudanças forem feitas nos processos de produção, os materiais e componentes serão movimentados. Parte do material pode ser grande e volumoso, exigindo estrados para prendê-lo. Alguns componentes podem estar em paletes que exijam uma empilhadeira. O gerente de compras pode alocar a pessoa certa com habilitação para empilhadeira. Um evento kaizen pode fracassar rapidamente se não houver apoio de empilhadeiras.

Também pode haver a necessidade de remover itens do almoxarifado que estejam armazenados no alto. Se a equipe decidir movimentar grandes equipamentos, provavelmente será necessário uma empilhadeira. O gerente de compras ou materiais pode ser o membro da comissão gestora do evento kaizen responsável por providenciar os suprimentos para a equipe de kaizen. Após a escolha da área e a definição das metas, a pessoa pode começar o trabalho de pré-planejamento para a compra.

Supervisor de produção

Os membros da comissão descritos até aqui são todos gerentes. No passado, eu recomendava aos meus clientes que tivessem apenas gerentes na comissão. Com o passar do tempo, desenvolvi e modifiquei o programa de kaizen empresarial e agora sugiro que determinados empregados não gerenciais sejam colocados na comissão de kaizen. Os supervisores de produção possuem muito conhecimento e experiência da "linha de frente" no chão de fábrica. Além disso, quando uma empresa estiver implementando a produção enxuta e fazendo melhorias, os supervisores de produção serão aqueles que motivam e estimulam os trabalhadores da produção. Você pode escolher um supervisor de produção ou fazer o rodízio dos supervisores a cada trimestre. Esta pode ser uma boa abordagem para garantir que todos os supervisores façam parte do planejamento inicial e dos processos de tomada de decisão.

Uma advertência: quando os empregados participam da reunião da comissão gestora do evento kaizen (a qual discutirei brevemente), todos os títulos voam pela janela. Independente de quem senta nessa comissão, o grupo como um todo está tomando decisões para ajudar no programa de melhoria contínua. Deixe outros assuntos e tópicos para mais tarde. Isso também significa, por exemplo, que o gerente da produção não pode tratar os supervisores de produção, que podem se reportar a ele, como subordinados.

Representante dos operadores

Com o tempo, como trabalhei com diversas empresas de estruturas variadas, algumas optaram por acrescentar os operadores às suas comissões. Geralmente, os operadores escolhidos para a comissão são empregados antigos que possuem bastante conhecimento sobre a empresa. Estes indivíduos representam basicamente as necessidades dos trabalhadores da produção e falam em seu nome. É bom fazer o rodízio de um representante dos operadores a cada trimestre para possibilitar a proposição de um conjunto maior de ideias e percepções. Os trabalhadores da produção são usados tipicamente para receberem orientações de um supervisor ou gerente. Entretanto, nesta comissão o representante dos operadores tem o mesmo peso nos esforços de melhoria. Você também descobrirá que algumas das melhores ideias virão deste representante dos operadores e quando você começar a contar com a participação dos trabalhadores da produção a partir dos estágios iniciais da geração de ideias até a fase de manutenção, as pessoas da linha de frente da sua cultura ficarão cada vez mais empolgadas e envolvidas nas iniciativas de produção enxuta.

A comissão gestora do evento kaizen é uma parte vital da jornada de produção enxuta. É um grande canal para reunir ideias e desenvolver uma cultura de atuação em equipe. À medida que a empresa avança para uma abordagem global de tomada de decisão, a jornada de produção enxuta é reforçada e acelerada. Nos meus clientes, esta comissão é criada rapidamente e logo no início do processo. Eu lhe aconselho a reunir a sua comissão logo após ler este livro para iniciar o processo.

APRESENTANDO O COORDENADOR DO KAIZEN

Embarcar numa jornada de produção enxuta consome tempo e recursos. Apesar da produção enxuta ser um modo de pensar, ela também requer treinamento, implementação, planejamento e foco constante nas melhorias. As empresas começam a enxergar rapidamente a mudança nos papéis e nas responsabilidades dos empregados. O esforço de produção enxuta abrange toda a empresa. À proporção que a sua empresa aprende os fundamentos da produção enxuta, como o 5S, o trabalho padronizado, a redução do tempo de *setup* e o kanban, uma ou mais pessoas têm que liderar a mudança. É neste ponto que alguém que seja totalmente dedicado à produção enxuta e ao kaizen pode fazer toda a diferença. Chamamos essa pessoa de coordenador do kaizen. Isto não é um termo industrial, já que o título poderia ser de coordenador de produção enxuta, engenheiro de produção enxuta ou contato de produção enxuta. Realmente, não importa; o que não muda é o papel dessa pessoa na empresa. Pura e simplesmente, é 100% produção enxuta!

Uma vez identificado o coordenador do kaizen, ele se torna o líder da comissão gestora de kaizen e coordena todas as reuniões. É função do coordenador do kaizen solicitar auxílio à comissão e manter os membros responsáveis por contribuírem. O coordenador do kaizen deve ter um nível de autoridade elevado, sendo capaz de se dirigir diretamente ao gerente da fábrica para obter o que for necessário. É uma espécie de assessor, já que o coordenador do kaizen não é um gerente, mas tem a autoridade de um gerente superior. Este tipo de autoridade é necessário para manter a gestão comprometida com a jornada de produção enxuta.

O coordenador do kaizen é aquele que "carrega a tocha" da produção enxuta e dirige todas as iniciativas relacionadas ao kaizen. Essencialmente, ele é o diretor do programa de produção enxuta. Esta posição é tão importante que eu dediquei um capítulo inteiro (Capítulo 3) a ela. Porém, lembre-se por favor que não é uma exigência ter um coordenador; algumas empresas não conseguem justificar a nova posição ou o salário adicional, independente da economia de custos e de outras melhorias que venham a resultar. O Capítulo 3 também irá propor alternativas a um coordenador do kaizen para empresas que precisem de uma outra opção. De qualquer forma, a produção enxuta necessita de recursos e pessoas para acontecer. Eu lhe mostrarei como alocar o tempo e delegar de acordo com a necessidade.

ACOMPANHAMENTO

Muito esforço e tempo será concentrado nos eventos kaizen e é importante acompanhar o avanço e os efeitos na empresa. Este aspecto fundamental da gestão de projetos recai sobre muitas pessoas. Eu recomendo que você elabore uma planilha de acompanhamento do evento kaizen que possa ser utilizada para avaliar o sucesso do evento. Lembre-se de que esta planilha de acompanhamento deve ser usada para avaliar os resultados do evento kaizen e não a jornada de produção enxuta global. Como mencionei no Capítulo 1, é importante estimular e permitir que as pessoas melhorem a empresa o tempo todo, fora dos eventos kaizen. Isso serve apenas para acompanhar o evento.

A planilha de acompanhamento do evento kaizen possui várias categorias, sendo melhor criá-la no Microsoft Excel. Algumas organizações utilizam um *software* diferente e o disponibilizam na Intranet empresarial, visível apenas para os empregados. De qualquer forma, esta planilha de acompanhamento é um documento vivo e todas as pessoas devem ter acesso a ela para ver que tipos de eventos kaizen estão sendo conduzidos e como eles estão melhorando o desempenho da organização. A Figura 2-1 é um exemplo de planilha de acompanhamento de um evento kaizen. Personalize as informações nesta planilha para a sua empresa. Aqui seguem as categorias que eu recomendo:

Escolha do evento kaizen
Data e duração
Líder da equipe do evento kaizen
Membros da equipe de kaizen
Pré-planejamento
Responsabilidade
Metas pré-evento

Resultados atuais
Orçamento do evento
Gastos do evento
Itens de ação
Responsabilidade
Status

Escolha do evento kaizen

Uma das principais responsabilidades da comissão é escolher as áreas para o evento kaizen. Pode ser as linhas de montagem, as células de trabalho, a manutenção, expedição/recebimento, o escritório ou a pesquisa e desenvolvimento, por exemplo. Existem muitos fatores a considerar quando se escolhe a área. Primeiro, veja como o processo é organizado e como funciona. Ao olhar para as áreas de produção, avalie a produtividade atual, a qualidade e o cumprimento do prazo de entrega, o uso do espaço no chão de fábrica e

Planilha de acompanhamento do evento kaizen							
Evento kaizen	Data/ Duração	Líder da equipe	Membros da equipe	Pré-planejamento	Responsabilidade		Finalidade estratégica
Célula A5	Semana de 10/03/2008	Mark Left	Kyle Poppins	Encomendar os *racks* de cabos	Gerente de Compras		Aumento da Produtividade
			David Ginn	Estudo de tempos	Coordenador do Kaizen		Redução do espaço no chão de fábrica
			Rita Prichter	Reservar o elevador	Gerente das instalações		Redução do custo de refugo
			Paulina Horska	Verificar a programação de férias	Gerente de RH		Redução do tempo de atravessamento do produto
			Johnny Sherrif				
			Allen Michaels				
Manutenção	12/05/2008	Gordon Black	Shawn Taylor	Serviço de empilhadeira	Coordenador do Kaizen		Aumento da produtividade
			Jose Ortiz	Comprar tinta	Gerente de Compras		Redução do espaço no chão de fábrica
			Alice Borner				Redução do custo de refugo
			Freya Newton				Redução do tempo de atravessamento do produto

Figura 2-1 Planilha de acompanhamento do evento kaizen.

a distância a ser percorrida. Quantas horas extras estão sendo trabalhadas? Os operadores deixam as suas estações de trabalho com frequência? Existe muito estoque ou WIP acumulado? A área de trabalho está desordenada e desorganizada (5S)?

Se você escolher o departamento de manutenção, essa escolha deve se basear na organização geral. As ferramentas estão escondidas em armários e caixas de ferramenta, desaparecidas e desorganizadas? Que volume de trabalho reativo e de "extinção de incêndios" está ocorrendo, em vez de maneiras pró-ativas de trabalhar, como fazer a manutenção preventiva, por exemplo? O quanto o pessoal da manutenção está capacitado? Eles podem realizar múltiplas funções?

Se a comissão estiver procurando agendar um evento kaizen no escritório, também se aplicam algumas das mesmas orientações. Qual é o nível de 5S e de organização do escritório? Os suprimentos estão nos armários ou espalhados no ambiente? A papelada como as ordens de serviço, estimativas e contratos está empilhada entre os processos do escritório? O chão de fábrica aguarda constantemente pelas funções administrativas para finalizar uma ordem de serviço ou expedição? Muitas vezes as empresas buscam aquela

Metas pré-evento	Resultados atuais		Orçamento do evento	Gastos do evento	Itens de ação	Responsabilidade	*Status*
Produtividade	20%	28%	US$ 500	US$ 450	Atualizar as instruções de trabalho	David Ginn	Completo
Redução do espaço no chão de fábrica	45%	45%			Atualizar as verificações de qualidade	Paulina Horska	½ Completo
Redução do custo de refugo	80%	95%			Concluir a sinalização das estações	Johnny Sherrif	Providenciar suprimentos
Redução do tempo de atravessamento	45%	50%					
Aumento da eficiência em homens-hora	20%		US$ 1.700				
Redução do espaço no chão de fábrica	25%						

varinha mágica que lhes dirá exatamente onde começar. Você pode simplesmente olhar a organização, ou a falta dela, e o desempenho. Tente agendar os eventos kaizen com pelo menos quatro semanas de antecedência.

Data e duração

O evento kaizen tradicional dura cerca de cinco dias, mas os eventos também podem durar de algumas horas até quatro semanas. Vai depender da área de trabalho, das metas, do produto, do espaço no chão de fábrica e do nível de desperdício. Simplesmente registre na planilha de acompanhamento o dia e a semana, ou semanas, em que o evento será conduzido. Também é bom registrar as horas que serão trabalhadas: 8:00 – 16:00, 10:00 – 18:00 etc.

Líder da equipe do evento kaizen

Conduzir eficientemente um evento kaizen exige experiência. O primeiro evento kaizen será uma experiência de aprendizagem para todos, incluindo o líder da equipe. Contudo, você deve simplesmente escolher o seu primeiro líder de equipe e seguir com a sua escolha. Um coordenador do kaizen é o candidato ideal, mas, como eu disse anteriormente, muitas empresas não têm um coordenador. A título de orientação, certifique-se de que o líder da equipe esteja familiarizado com a área de trabalho. Ele deve ter uma boa compreensão do desperdício e de como removê-lo. Ainda mais importante, um líder de equipe precisa de boa capacidade de gerenciamento de projeto e trabalhar bem com pessoas sob pressão. É uma atitude inteligente desenvolver critérios de líder de equipe a serem usados pela comissão quando for tomar essa decisão importante. Tente também selecionar o líder da equipe de kaizen com pelo menos quatro semanas de antecedência.

Membros da equipe de kaizen

Os membros da equipe devem ser de vários setores e experiências para garantir a geração de um bom *mix* de ideias. Todo membro de equipe em potencial se reporta a alguém na comissão gestora do evento kaizen; como a comissão é responsável pela escolha dos membros da equipe, o resultado deve ser uma equipe com os talentos certos. Seguem aqui as minhas recomendações para os membros da equipe:

- Dois operadores ou pessoas que trabalhem no processo
- Funcionário da manutenção
- Almoxarife

- Engenheiro da linha de produção
- Técnico em qualidade
- Pessoal de escritório
- Operador de empilhadeira
- Funcionário da expedição
- Gerente

Cada empresa é diferente, então baseie seus critérios para membros de equipes no seu organograma, para garantir que as pessoas certas estejam na equipe de kaizen. Faça uma relação provisória dos membros com pelo menos quatro semanas de antecedência do evento; depois, conclua a lista com cerca de duas semanas de antecedência. Isso dá tempo à empresa de verificar a programação de férias dos possíveis membros, os quais fazem trabalho leve ou se há outros conflitos de agenda.

Pré-planejamento e responsabilidade pelo pré-planejamento

Tipicamente, o treinamento tradicional em kaizen ensina as pessoas a realizar cada tarefa do evento, do início ao fim. Embora isso torne o evento muito estimulante, a experiência demonstrou que a tentativa de realizar tanta coisa tem um resultado desanimador, colocando as equipes de kaizen frequentemente em situações insolúveis. Para evitar essas potenciais armadilhas, eu recomendo que ocorram várias atividades de pré-planejamento quatro semanas antes do evento kaizen. Durante as atividades de pré-planejamento, é escolhida a área a ser trabalhada, bem como o líder da equipe e uma lista provisória dos membros; portanto, também podem começar os projetos de planejamento específicos.

O pré-planejamento envolve vários itens e atividades. Fornecedores podem precisar ser disponibilizados; pode ser necessário providenciar suprimentos e equipamentos para a equipe; ferramentas e maquinário especializado podem precisar ser comprados ou alugados; pode ser necessário realizar a análise dos desperdícios e os estudos de tempo e movimento. A quantidade e o tipo de atividades de pré-planejamento irá variar de acordo com o tipo de evento e as metas específicas estabelecidas. O pré-planejamento sólido assegura que as equipes de kaizen sejam posicionadas com sucesso.

Cada evento kaizen exigirá algum nível de pré-planejamento, que usualmente é responsabilidade da comissão gestora do evento kaizen. Inúmeras tarefas precisam ser concluídas antes do evento kaizen. Pode ser necessário reservar ferramentas especiais. Podem ser convidados empregados de fábricas irmãs. Terá que ser abordado o ajuste dos cronogramas de produção e das pessoas para acomodar o período de tempo do evento. Pode ser necessário realizar uma avaliação da área de trabalho para avaliar a condição de desempenho atual. Durante os eventos kaizen as equipes irão precisar de determinados suprimentos, como caixas, *racks*, prateleiras, trenas, tinta e fita adesiva. Estes suprimentos devem ser providenciados com antecedência, de modo que estejam disponíveis no primeiro dia do evento. Todos os itens de pré-planejamento devem ser trabalhados com pelo menos quatro semanas de antecedência. Os membros da comissão gestora do evento kaizen são aqueles a quem se atribui as tarefas de pré-planejamento e que devem dedicar tempo e recursos para garantir que elas sejam concluídas.

Metas pré-evento

Durante a fase inicial de planejamento de qualquer projeto, pode ser difícil definir metas. A previsão, de qualquer forma, pode ser boa ou ruim. É importante que cada equipe de kaizen se depare com alguns desafios moderados. Estes eventos estão sendo realizados para melhorar o seu negócio, então não tenha medo de estabelecer essas metas! A melhor prática é verificar os indicadores existentes no chão de fábrica, como foi discutido no Capítulo 1, como um guia para as melhorias. Certifique-se de estabelecer metas realistas, já que o estabelecimento de metas inatingíveis servirá apenas para destruir o esforço feito. Um objetivo atingível poderia ser o de melhorar a produtividade em 20% por meio da redução do desperdício numa linha de produção ou processo. Ainda assim não há um guia verdadeiro para definir as metas da sua equipe. Simplesmente defina as metas que você julgar realistas e assegure que você se planeje adequadamente para garantir o sucesso.

Resultados atuais

Depois do evento kaizen ter sido completado e dos trabalhadores voltarem às suas funções normais, a empresa deve começar imediatamente a monitorar o progresso para ver quão rapidamente as metas são alcançadas. Esta coluna na planilha de acompanhamento pode não ser preenchida até que o processo ou área de trabalho tenha cumprido consistentemente as metas esperadas. Os novos requisitos de resultado estão sendo cumpridos? Como estão os níveis de produtividade e WIP? A qualidade está melhorando? A equipe reduziu a área proposta no chão de fábrica e diminuiu o tempo de atravessamento? É importante perceber que mesmo quando certas metas não são cumpridas, a equipe não fracassou. Na medida em que sua organização ficar mais experiente no kaizen e nos eventos kaizen, você se tornará mais apto a estimar os indicadores e as melhorias de desempenho.

Orçamento e gastos do evento

Um dos elementos fundamentais do kaizen é que as melhorias devem ser feitas com pouco ou nenhum gasto. Isto é verdade, mas lembre que cada empresa terá que destinar algum dinheiro para a melhoria contínua e cada equipe de kaizen precisará ter acesso a esses fundos durante o evento. Os gastos na maioria dos eventos kaizen variam de US$ 0,00 a US$ 1.000,00, dependendo do que for necessário. Apenas destine algum dinheiro para um orçamento de kaizen. A taxa de retorno será ótima e qualquer dinheiro gasto será rapidamente recuperado pelas melhorias.

Itens de ação, responsabilidade e *status*

Essas três últimas colunas na planilha de acompanhamento são usadas para monitorar todo trabalho não concluído do evento kaizen. Raramente uma equipe de kaizen conclui todas as tarefas durante o evento kaizen. Pequenas interrupções durante o projeto farão com que a equipe mude um pouco o curso. Os membros da equipe irão propor muitas ideias de melhoria ao longo do caminho e nem todas elas serão concluídas. Todos os itens de ação devem ser completados em 30 dias após o término do evento kaizen; isso se chama *mandato de 30 dias*. A comissão gestora do evento kaizen pode debater essa questão durante a sua reunião mensal.

O coordenador do kaizen é a pessoa que controla as informações na planilha de acompanhamento, mas há outras pessoas envolvidas. Em primeiro lugar, cada líder de equipe é responsável pelo sucesso da sua equipe e deve comunicar essa informação à comissão gestora do evento kaizen. O fórum no qual todos se encontram se chama reunião mensal de kaizen.

A reunião mensal de kaizen é agendada, obviamente, uma vez por mês para debater o programa de melhoria contínua e habitualmente leva cerca de uma hora. Não sou fã de reuniões, especialmente as que demoram e não chegam a lugar nenhum. Para ser honesto, na minha opinião as reuniões são bem antiprodução enxuta. Elas subtraem tempo do trabalho com valor agregado e ocorrem quase sempre porque não se permite que as pessoas tomem decisões por sua própria conta. Porém, a produção enxuta é um trabalho de equipe, então é bom se reunir para discutir os eventos kaizen e como eles estão afetando a empresa. Aqui a estrutura é um fator chave, logo, mantenha a reunião simples e direta. Para manter a simplicidade na sua reunião de kaizen, divida-a em três partes. A planilha de acompanhamento do evento kaizen deve ser exibida durante a reunião e usada como uma orientação para todas as discussões. As três partes são:

- Parte 1: Resultados do evento anterior
- Parte 2: Itens de ação do evento anterior em aberto
- Parte 3: Planejar e agendar o próximo evento kaizen

Parte 1: Resultados do evento anterior

Tente agendar a reunião mensal de kaizen entre os eventos kaizen ou logo após um deles. Quando o novo processo de produção enxuta estiver em ação, os operadores passarão por uma curva de aprendizagem. Esta curva de aprendizagem vai variar entre os eventos, mas é um bom momento para a comissão discutir o progresso da linha de produção e como os trabalhadores estão se ajustando. Durante a primeira parte da reunião, a comissão também deve avaliar como o evento aprimorou a empresa. Cada equipe de kaizen deve ter determinadas metas para melhorar os indicadores como produtividade, qualidade, tempo de atravessamento, redução do tempo de *setup* e diminuição do espaço no chão de fábrica. Então, neste ponto a comissão deve discutir até que ponto a equipe alcançou as suas metas.

Os trabalhadores no processo serão os mais envolvidos nas melhorias, já que eles terão que se ajustar a uma nova maneira de trabalhar. Como o desperdício diminuiu, devem ser implementadas novas maneiras de trabalhar visando garantir que o "processo de produção enxuta" venha a satisfazer as suas expectativas de resultado e qualidade. A comissão precisa convidar para a reunião o líder da equipe anterior e discutir a evolução. Uma vez completada a atualização, o líder da equipe pode sair e a segunda fase da reunião pode começar.

Parte 2: Itens de ação do evento anterior em aberto

Independente do quanto for completado durante os eventos kaizen, sempre haverá projetos não concluídos. As equipes de kaizen geram ideias muito boas durante os eventos para dar continuidade ao processo em mãos. Os problemas são apresentados aos membros da equipe durante o evento kaizen e quando você reúne as pessoas para criar soluções podem ocorrer ideias impressionantes. Entretanto, algumas vezes essas ideias demorarão mais para serem implementadas do que o tempo destinado ao evento. Esses itens não concluídos seguirão numa lista de ações. A segunda parte da reunião é consumida na obtenção do relatório de *status* desses itens.

Todos os itens de ação de um evento devem ser completados dentro de 30 dias. Cada item precisa de uma pessoa responsável por ele e de um prazo final rígido para a sua conclusão. Para assegurar que o novo processo possa produzir os resultados exigidos, esses itens de ação tem que ser completados no prazo. Os membros da equipe que têm a responsabilidade sobre os itens de ação devem ser convidados agora para a reunião, visando discutir seus avanços. É função da comissão gestora do evento kaizen esclarecer e remover quaisquer obstáculos que impeçam a conclusão dos itens de ação e fornecer todo o suporte necessário. Uma vez atualizadas todas as questões a respeito do item de ação, os membros da equipe podem sair e a comissão pode começar a última parte da reunião: planejar os futuros eventos kaizen e outros projetos de fabricação enxuta.

Parte 3: Planejar e agendar o próximo evento kaizen

A planilha de acompanhamento do evento kaizen é o único documento necessário para a reunião mensal. Durante esta última parte da reunião, a comissão pode discutir e possivelmente começar a planejar os futuros eventos. Como mencionei, tente agendar os eventos kaizen com pelo menos quatro semanas de antecedência para viabilizar a escolha da equipe e a conclusão dos vários itens de pré-planejamento. Contudo, é perfeitamente saudável discutir os eventos dois, três e quatro meses antes. Apenas garanta que, quando a sua comissão estiver planejando os eventos futuros e preenchendo a planilha de acompanhamento, se qualquer evento kaizen já agendado estiver para ocorrer nessa janela de quatro semanas, comece a escolher as equipes e a trabalhar nas questões de pré-planejamento.

COMUNICAÇÃO DO KAIZEN

As atividades relacionadas ao kaizen e à produção enxuta devem ser continuamente divulgadas para toda a organização. Quando a sua cultura se torna lentamente mais consciente de que a produção enxuta é um modo de pensar e trabalhar, você tem que aprender como manter o entusiasmo. Elabore o que eu chamo de sistema de comunicação do kaizen, que funciona como um canal de disponibilização de informações para a sua empresa. Muitas vezes quando conduzo avaliações de produção enxuta nas organizações eu descubro que há uma falta geral de comunicação entre os departamentos. Há uma clara divisão entre o lado de operações/produção e o lado administrativo. Este hiato de informação e comunicação precisa ser vencido para garantir que todos saibam o que está acontecendo por toda parte. A sua empresa como um todo precisa perceber que perde ou ganha como uma equipe e que cada departamento deve contribuir com as atividades baseadas em equipe para aprimorar a operação. No que diz respeito à comunicação do kaizen, recomendo que você implemente três itens:

- Quadros de comunicação do kaizen

- Boletim informativo do kaizen
- Caixa de sugestões do kaizen

Quadros de comunicação do kaizen

Escrevi sobre os quadros de comunicação de kaizen no meu primeiro livro, *Kaizen Assembly: Designing, Constructing and Managing a Lean Assembly Line*.[1] Meus clientes acharam esses quadros um componente muito eficaz para a divulgação do andamento de sua produção enxuta. Apenas adquira uma lousa de duas faces sobre rodinhas. Ela tem essencialmente a forma de um triângulo e pode ser deslocada para vários lugares da empresa.

Os quadros de comunicação do kaizen podem ser colocados em qualquer parte da empresa em que haja uma alta circulação de pessoas – no acesso dos empregados, nas salas de reunião e nas cantinas, na entrada principal ou em vários lugares por toda a fábrica. Dependendo do tamanho das instalações, você pode precisar comprar alguns deles. A questão é a saturação de informações sobre produção enxuta, de modo que todas as pessoas possam ler a respeito dos projetos que estão por vir. Estes quadros de comunicação contêm as seguintes informações sobre um evento kaizen:

- Área escolhida
- Data e duração
- Líder da equipe de kaizen
- Membros da equipe de kaizen
- Metas e objetivos da equipe

Boletim informativo do kaizen

É um hábito muito bom elaborar e colocar em circulação um boletim informativo da empresa, sendo ele essencial se você estiver embarcando numa jornada de produção enxuta. O boletim informativo do kaizen é dedicado ao assunto da melhoria contínua. Pode ser um boletim informativo independente ou você pode simplesmente abrir espaço num boletim existente para divulgar as informações necessárias. A chave para um bom boletim informativo é que a informação diga respeito à sua fábrica específica. As informações corporativas gerais, tais como as informações para os acionistas, as palavras do presidente ou a aquisição de uma fábrica chinesa, não tratam de melhoria contínua. Para ser honesto, apesar dessa informação ser boa, a maioria

---

[1] Boca Raton, FL: Taylor and Francis, 2006.

dos empregados realmente não liga. Mais uma vez, não estou tentando ser negativo; apenas quero destacar que o boletim informativo deve abordar as atividades em andamento na sua fábrica.

O boletim informativo do kaizen deve conter informações similares às dos quadros de comunicação: áreas, líderes de equipe, membros de equipe etc. Mais importante, deve exibir imagens da equipe trabalhando, bem como a divulgação das realizações individuais e como os seus esforços estão ajudando a fábrica. Uma abordagem única para o boletim informativo do kaizen é permitir que os membros da equipe de kaizen anterior escrevam sobre os seus sucessos. Isso ajudará a envolver mais o seu pessoal, já que aqueles que lerem o boletim também lerão sobre seus companheiros ou colegas de trabalho. Isso é muito poderoso e impactará muito nos seus empregados.

O boletim informativo do kaizen deve ser emitido mensalmente ou bimestralmente, sendo anexado aos contra-cheques ou colocado nas salas de descanso e até mesmo na entrada principal, de modo que os visitantes possam ler sobre os esforços de melhoria contínua que estão em andamento na fábrica que irão visitar.

Caixa de sugestões do kaizen

Como um líder de fabricação enxuta, você tem que estimular os trabalhadores da produção a lhe dizerem o que precisa ser melhorado. Para ajudar a coletar ideias do chão de fábrica, desenvolva um sistema de sugestões que os permita dar um retorno sobre as melhorias feitas e recomendar oportunidades futuras. Veja a Figura 2-2.

Os operadores da linha de produção quase sempre não participam da fase de projeto e planejamento dos eventos kaizen. Discuti a importância de colocar operadores nas equipes de kaizen e sou da opinião que eles devem estar envolvidos na decisão de que área será agendada para o evento kaizen. Habitualmente, os operadores ficam confinados em suas estações de trabalho

Figura 2-2 Caixa de sugestões do kaizen.

ou áreas no chão de fábrica, tendo tipicamente pouco ou nenhum contato com a gestão ou os engenheiros. Qualquer contato que venha a ocorrer é iniciado normalmente pela equipe de suporte na área de trabalho. Como você pode fazer com que os operadores e demais empregados do chão de fábrica se envolvam no processo de tomada de decisão e obtenham seus insumos para a melhoria contínua? A caixa de sugestões dos empregados permite que os operadores opinem sobre as melhorias futuras.

Semelhante a uma urna de votação, onde são depositadas cédulas, a caixa de sugestões dos empregados é usada para colher ideias do chão de fábrica; ideias que podem ser consideradas para os futuros eventos kaizen. A caixa deve ser colocada perto dos quadros de comunicação ou nas salas de descanso dos operadores para que se tenha um acesso fácil a elas. Deve ser colocado um formulário de sugestões simples perto da caixa; veja um exemplo na Figura 2-3.

Quando usar qualquer sistema de sugestões, a empresa deve elaborar uma forma de comunicar aos trabalhadores que ideias foram escolhidas para um evento kaizen, que ideias foram passadas para a engenharia, manutenção ou compras, por exemplo, e que ideias serão abordadas mais tarde. Quando este sistema se tornar cada vez mais popular, você receberá muitas sugestões, especialmente quando os trabalhadores verem as suas ideias sendo realmente

Formulário de sugestões de evento kaizen

Empregado _____ Data _____

Departamento _____

Ideia de melhoria _____

Você implementaria? Sim _____ Não _____

Obrigado por sua sugestão.
Você será contatado assim que esta sugestão for examinada.

Figura 2-3 Formulário de sugestões de evento kaizen.

implementadas. As pessoas, por natureza, gostam de informações, mesmo que não seja o que querem ver ou ouvir. Não deixe os empregados no escuro. Deixe-os saber se a ideia deles vai adiante ou não.

Não é difícil estabelecer as características específicas do programa de kaizen empresarial, mas isto vai levar algum tempo. Isso também deve ser feito para se ajustar à cultura que você tem e para assegurar que a produção enxuta e o kaizen irão prosperar. Lembre-se dos seguintes pontos-chave:

1. Todo programa de kaizen bem-sucedido exige uma base sólida, que permita à empresa alocar os recursos apropriados e criar tempo para implementar a iniciativa de produção enxuta.

2. Estabeleça um sistema de comunicação eficiente que garanta adesão, participação e conscientização.

3. Dê a todos os empregados a oportunidade de participar de um evento kaizen e de oferecer insumos e sugestões.

A questão-chave é criar uma base para a mudança. Uma vez criada, livre-se dos desperdícios de suas operações.

O Coordenador do Kaizen 3

A palavra *coordenador*, na minha opinião, define um indivíduo que tem conhecimento para ensinar e orientar as outras pessoas nos elementos de uma determinada filosofia. No Capítulo 2 eu apresentei a você o coordenador do kaizen. Este funcionário é 100% dedicado à melhoria contínua e age como o líder das iniciativas de produção enxuta da empresa. A sua organização não tem necessariamente que denominar essa pessoa coordenador do kaizen. O título poderia ser coordenador da produção enxuta, engenheiro de produção enxuta, gerente da melhoria contínua – isso não importa. Antes de começar a Kaizen Assembly, um dos meus títulos era exatamente o mesmo do coordenador de fabricação enxuta e o papel era exatamente o mesmo do coordenador do kaizen, o qual descreverei neste capítulo. Eu uso o termo *coordenador do kaizen* nas minhas aulas, então é o que usarei aqui.

O papel do coordenador do kaizen é um emprego de tempo integral que requer experiência sólida, compreensão dos princípios da produção enxuta e capacidade de comunicar e ensinar esses princípios para toda a organização. Neste capítulo, abordarei os seguintes aspectos do coordenador do kaizen:

- Por que um coordenador do kaizen?
- Conjunto de habilidades do coordenador do kaizen
- Escolhendo o coordenador do kaizen
- Custo de um coordenador do kaizen
- Responsabilidades de um coordenador do kaizen
- Alternativas

POR QUE UM COORDENADOR DO KAIZEN?

Meu trabalho como consultor e autor é recomendar o que considero ser a melhor abordagem para uma jornada de produção enxuta bem-sucedida. Embora as jornadas de produção enxuta sejam diferentes de uma empresa para outra, todas elas exigem um volume significativo de trabalho, do treinamento e planejamento antecipado até as implementações, acompanhamento e melhoria contínua. As jornadas de produção enxuta precisam de menos líderes e mais executores. Um bom coordenador do kaizen sabe quando liderar e, mais importante, quando meter a mão na massa para que o trabalho seja feito.

Um coordenador do kaizen é essencial para uma empresa devido ao tempo de comprometimento necessário para tornar enxuto um modelo de negócio. Os empregados estão envolvidos com as questões do dia a dia em seus departamentos e estão sempre fazendo malabarismo entre vários projetos e iniciativas. Suas posições atuais existem porque o seu trabalho é necessário para manter a empresa em movimento. Os contadores e controladores existem para lidar com o lado financeiro do negócio; o pessoal de marketing e vendas é necessário para manter o fluxo de negócios que chegam à empresa e para gerar novas ideias de futuros negócios. Os gerentes de operação trabalham dia a dia com trabalhadores da produção, cronogramas de produção, licenças de férias, prazos de entrega e/ou todos os elementos de funcionamento de um chão de fábrica. Eu poderia prosseguir indefinidamente aqui. Quando as questões do dia a dia vêm em primeiro lugar e as pessoas estão se desdobrando em várias tarefas, quando elas terão tempo para assumir as responsabilidades de período integral da produção enxuta? Bem, elas não têm. Não estou querendo dizer de maneira nenhuma que devido ao fato de haver um coordenador do kaizen todas as outras pessoas na organização podem se desligar da melhoria contínua. A produção enxuta é um esforço da empresa como um todo. Porém, precisa haver um indivíduo orientador que dirija os esforços e que solicita os recursos dos outros departamentos e funções, de acordo com o necessário. Este guia é o coordenador do kaizen.

Dito isso, também tenho consciência de que todas as empresas têm condição de criar uma nova posição para um coordenador do kaizen. Um bom coordenador do kaizen que possa produzir resultados não é barato, mesmo que o retorno sobre o investimento compense bastante a nova aquisição. Existem alternativas, as quais discutirei mais tarde neste capítulo.

CONJUNTO DE HABILIDADES DO COORDENADOR DO KAIZEN

Como líder de negócios, você sempre tenta se munir dos melhores funcionários que puder. Escolher um coordenador do kaizen não é diferente e você pode querer ter certeza de escolher a pessoa certa para ocupar esta posição. Eu contratei a minha cota deles e também ajudei os meus clientes a fazer a triagem e escolher os candidatos. Não é fácil escolher um; não apresse o processo. Como orientação, seguem aqui as áreas nas quais essa pessoa deve ter experiência:

- Os sete desperdícios
- Produção enxuta como modelo de negócio
- 5S e programação visual do espaço de trabalho
- Kaizen e eventos kaizen
- Coleta de dados
- Redução do tempo de *setup* e troca de ferramentas
- Projeto de linha de produção e fluxo de trabalho
- Abastecimento de material
- Gestão de projetos

Os sete desperdícios

Conhecer os sete desperdícios é apenas uma parte do jogo. A outra parte é entender onde existe desperdício e como reduzi-lo ou eliminá-lo. Um dos maiores erros em relação ao desperdício é não saber quando ele é necessário. O desperdício necessário é aquele impossível de eliminar ou que literalmente faz parte do processo. Uma organização precisa aprender a priorizar seus esforços de redução do desperdício e decidir que desperdício é necessário manter. Por exemplo, os empregados de uma empresa que fabrica aeronaves terão que andar para cima e para baixo do avião para instalar componentes. Este movimento é um desperdício, nas não vejo como essas ações possam ser eliminadas. Uma fábrica sempre terá algum nível de matéria-prima, WIP e produtos acabados. Eles podem ficar por ali durante um breve período de tempo, mas ainda assim constituem um desperdício. Os produtos terão que passar de uma área de trabalho para outra. Seja automatizado ou não, isto é transporte perdido. Erros serão cometidos e mesmo que o retrabalho seja pequeno por natureza, adivinhe – isto é desperdício. Um bom coordenador do kaizen ensina e enfatiza a redução do desperdício, podendo mostrar como reduzi-lo num processo existente. Um bom coordenador do kaizen também pode ensinar as pessoas que não existe um ambiente totalmente sem desperdício.

Produção enxuta como um modelo de negócio

Este perfil do coordenador não é facilmente aprendido. É uma "intuição" ou instinto sobre como uma empresa deve funcionar. Em condições ideais, um coordenador do kaizen deve ter experiência em outras empresas e pode incorporar as melhores práticas na sua empresa, de acordo com o necessário. Um dos elementos fundamentais do pensamento da produção enxuta é ter e ensinar paciência. Muitas organizações se entusiasmam em incorporar práticas de produção enxuta e querem mudar tudo. "Mudar o mundo em uma semana" se torna a sua maneira de abordar a produção enxuta. Isso não pode ser feito. A beleza da produção enxuta é que não há pressa. O tempo está completamente ao seu lado. Os líderes comerciais têm apenas que decidir quando começar. Minha opinião aqui é que um coordenador do kaizen inteligente pode ajudar a desenvolver a cultura, lenta e metodicamente, dependendo dos níveis existentes de resistência, confusão e sucesso. Enquanto a cultura se transforma lentamente em uma cultura de melhoria contínua, o coordenador do kaizen pode ter uma postura de "verificar e avaliar" em vez de "aconselhar e treinar", o que é comum no início de uma jornada de produção enxuta.

O coordenador do kaizen deve ter capacidade para redirecionar a comissão gestora do evento kaizen, visando garantir que toda estratégia de produção enxuta criada esteja sendo cumprida. Ele sabe como arregimentar suporte e recursos, se preparar para cada projeto e guiar as equipes de kaizen, de modo que tudo se ajuste ao modelo do negócio. Os coordenadores do kaizen são como os anjos da guarda da produção enxuta.

5S e programação visual do espaço de trabalho

O 5S foi mencionado nos primeiros capítulos. Muitas vezes me perguntam como e onde começar as iniciativas de produção enxuta. É difícil dizer, já que cada empresa é diferente em seus empreendimentos de produção enxuta. Dito isso, eu acho que a implementação do 5S sempre é um ponto de partida perfeito para a maioria. O 5S significa organização e limpeza agressivas, uma filosofia de produção enxuta que enfatiza uma fábrica modelo. Em um ambiente 5S, tudo tem o seu lugar – todas as ferramentas, componentes, latas de lixo, mesas, bancadas, estrados, carrinhos, documentação etc. Pare de ler este livro e pense na sua fábrica ou empresa. Imagine um local de trabalho onde todos os itens têm uma determinada localização e são claramente marcados e etiquetados. Dependendo do tamanho da fábrica, pode levar mais de um ano para implementar o 5S. Um coordenador do kaizen experiente pode mapear um plano de implementação do 5S que inclua os suprimentos e o treinamento necessários e o método de implementação a ser utilizado. Os eventos kaizen são um ótimo mecanismo para isso, mas as pessoas podem começar em suas áreas a qualquer momento.

O 5S também deve ser relativamente simples para um coordenador amadurecido e no decorrer do tempo a responsabilidade de treinar os empregados deve ser eventualmente compartilhada. Essencialmente, o 5S é a base necessária para a produção enxuta e se uma empresa não puder manter a casa limpa, então as outras práticas de produção enxuta disponíveis serão muito difíceis de compreender e/ou manter.

Kaizen e eventos kaizen

A produção enxuta é implementada basicamente de duas maneiras. As iniciativas de produção enxuta podem ser rápidas ou demoradas, dependendo dos objetivos. Por exemplo, um plano de redução do estoque pode ser bem intensivo, envolvendo múltiplos funcionários, departamentos e fornecedores. Leva tempo para diminuir o estoque numa fábrica e um evento kaizen de três dias não será suficiente. A consolidação da linha de produção e a redução global do espaço no chão de fábrica também levam tempo, especialmente se estiverem sendo acrescentadas mais linhas de produto durante este período. Esses são exemplos simples, mas provavelmente você entende o que quero dizer. Agora, os eventos kaizen podem ser usados para ajudar a alcançar determinadas metas, mas evite entrar numa abordagem "evento-produção enxuta" das melhorias. Não espere por um evento kaizen para diminuir o desperdício; é extremamente importante para o desenvolvimento de uma cultura com pensamento de produção enxuta permitir que os empregados pratiquem a melhoria contínua. O coordenador do kaizen de uma organização pode ensinar as pessoas a diferença entre melhoria contínua e eventos kaizen e saberá quando um evento é ou não necessário.

Coleta de dados

Encontram-se disponíveis inúmeras ferramentas para a coleta de dados para avaliar qualquer processo específico. O coordenador do kaizen precisa conhecê-las e ter a capacidade de escolher a mais adequada para conduzir uma análise das condições atuais, chamado *mapa do estado atual*. O mapa do estado atual de um processo é basicamente o número de etapas com e sem valor agregado necessárias para concluir um produto ou serviço. Os produtos podem ser carros, micro-ondas, cordas, portas, lâmpadas, fogões – quaisquer bens tangíveis produzidos. Os produtos também podem ser os componentes processados ou fabricados, assim como as submontagens necessárias para completar a montagem final. Os serviços são itens como ordens de serviço, pedidos, planos de marketing, estimativas ou qualquer atividade administrativa de uma empresa. Os produtos e serviços são completados por meio de um processo. Um processo inclui basicamente dois tipos de trabalho: com valor agregado e sem valor agregado (desperdício). O entendimento do estado atual envolve o uso dessas ferramentas de coleta de dados para descobrir o que falta para completar o produto ou serviço do início ao fim. Cada etapa requer uma certa quantidade de tempo, informação esta que também é muito importante coletar. Seguem aqui três ferramentas de coleta de dados muito comuns:

- **Mapeamento do fluxo de valor (MFV)**
  O MFV é a representação visual de uma sequência de operações e etapas que ocorre no processo de produção de um produto ou serviço. Uma análise do MFV acompanha certas partes de uma determinada família de produto, do fornecedor até o consumidor. Ela mostra a entrega do fornecedor e os requerimentos dessa entrega, a constituição do estoque de matéria-prima na empresa e todos os processos de produção individuais, tempos de ciclo, tempos de *setup*, pessoas, turnos, estoque de produtos acabados e requisitos de entrega para o cliente. É uma visão macro sobre a família de produto, do início ao fim. O objetivo do MFV é identificar as oportunidades de redução do desperdício e estabelecer o estado atual.

- **Estudo de tempos e movimentos**
  Um bom coordenador do kaizen tem capacidade para conduzir estudos úteis de tempo e movimentos sobre o trabalho. Os estudos de tempo são uma ferramenta de coleta de dados muito boa quando é realizada a montagem manual ou quando existem máquinas que requeiram *setup* ou troca de ferramentas. A coleta de dados do estudo de tempo é quase uma arte, já que exige experiência para ser feita corretamente. Ela também envolve a interação com os trabalhadores da produção; primeiro, deve-se desenvolver uma relação para que eles confiem no coletor de dados. Não faça estudo de tempo quando avaliar o trabalho de escritório; o trabalho de escritório tem uma dinâmica totalmente diferente do trabalho de produção. As interrupções aleatórias e as cargas de trabalho inconsistentes dia a dia tornam quase impossível a condução de estudos de tempo aqui. Para este ambiente, são melhores as estimativas de tempo.

- **Diagramas espaguete**
  Esta ferramenta é boa para mapear o estado atual quando os trabalhadores usam múltiplos equipamentos ou se eles têm uma grande área de tra-

balho na qual devem circular. Pegue uma folha de papel e desenhe toda a área de trabalho. Identifique no desenho os maiores itens: máquinas, prateleiras, áreas de suprimento de ferramentas, depósito de materiais etc. Leve este desenho para a área de trabalho em questão e observe os trabalhadores realizando as suas funções. Conforme eles caminharem de um lugar para o outro, desenhe seus trajetos. No final da análise, você terá traçado um grande diagrama espaguete e agora você terá a distância total que os trabalhadores percorrem num determinado dia. Esta ferramenta é muito boa para a preparação de um evento kaizen 5S cujo objetivo seja o de organizar melhor uma área, visando menos movimento e transporte. Os diagramas espaguete são bons para avaliar pequenas áreas localizadas de uma fábrica.

Redução do tempo de *setup* e troca de ferramentas

Nem todos os processos envolvem a montagem manual. As empresas que usam processos de fabricação automatizados, onde máquinas e equipamentos fazem o trabalho principal de produção, deveriam ter um coordenador do kaizen que entenda a importância de reduzir os tempos de *setup* e de troca de ferramentas. Estes são assuntos complicados e pode levar tempo para chegar realmente a uma compreensão sólida dos dois. O *setup* e a troca são etapas distintas, mas quase sempre elas são consideradas a mesma coisa. O *setup* é o trabalho realizado antes que seja necessária a fabricação de um novo produto. A troca é o ato verdadeiro de remover itens como gabaritos e componentes de uma máquina e depois colocar novos gabaritos e componentes para a produção seguinte. Esta parte do trabalho com máquina deve ser rápida e eficiente, de modo que nessa máquina possam ser feitos mais *setups*. Quanto mais eficientes forem os *setups* mais rápida será a troca.

Um outro equívoco a respeito da troca é que ela é totalmente desprovida de valor agregado, já que representa tempo de inatividade, mas trocas frequentes são boas, dependendo da quantidade de produtos diferentes que estejam sendo fabricados. Por exemplo, se uma empresa produz um tipo de telefone, então a troca deve ser mantida num nível mínimo. Porém, se existirem muitos tipos de telefone, com cores e opções diferentes, então quanto mais rápido a empresa puder fazer as trocas para fabricar o próximo modelo, melhor ela satisfará as expectativas de entrega e quantidade do cliente. Um bom coordenador do kaizen conhece esta filosofia, pode ensiná-la e sabe como realizar *setups* e rotinas de troca inteligentes.

Projeto de linha de produção e fluxo de trabalho

O leiaute físico inteligente de um processo também é crítico para manter o desperdício em níveis mínimos. É importante diminuir a distância a ser percorrida entre os operadores e processos, assim como disponibilizar o espaço no chão de fábrica. Entretanto, tornar os processos tão concentrados a ponto das pessoas se sentirem confinadas é tão ruim quanto lhes conceder espaço demais. O seu coordenador do kaizen deve levar em conta primeiro o tamanho físico dos produtos que estão sendo fabricados. Isso ditará que tipo de construção será necessária. Por exemplo, se uma organização produz pequenas calculadoras, as esteiras grandes e volumosas podem ser uma opção ruim. Os produtos podem ser manufaturados em carrinhos em formato de um trem. Este arranjo torna o processo muito flexível, já que os carrinhos podem ser deslocados para qualquer parte e a qualquer momento. Talvez o produto seja grande e pesado, situação na qual é mais indicado o uso da automação, como as esteiras ou cilindros movidos por um pedal de pé. A inclusão ao processo de uma plataforma elevatória pode ajudar os trabalhadores a terem visões melhores do produto. É necessária a iluminação apropriada. A documentação e os materiais disponíveis no local de uso são requisitos absolutos. A lista segue indefinidamente e eu poderia escrever um outro livro sobre o assunto. Entrarei em mais detalhes a respeito do projeto da linha de produção e o fluxo de trabalho nos capítulos que estão por vir.

Abastecimento de material

O abastecimento de material que abrange toda a fábrica é um assunto complexo, levando anos para se chegar a um sistema eficiente. Ela envolve a análise do desempenho do fornecedor em relação ao custo, qualidade e entrega. Que quantidades você compra atualmente e com que frequência os fornecedores fazem as entregas? Você sempre recebe um desconto de 10% para comprar um fornecimento de seis meses? Mas, agora você tem que arcar com o custo desse estoque, que de qualquer maneira custa mais do que os 10% que você acabou de economizar – por um longo período.

    A disposição adequada do material na área de trabalho também faz parte desse sistema. Obviamente, o material deve estar no ponto de utilização e o reabastecimento desse material não deve ser feito pelo trabalhador da produção. As quantidades de material e componentes devem ser mantidas num nível mínimo. Grandes estrados e caixas de componentes excedentes apenas ocupam espaço no chão de fábrica e aumentam o tamanho da linha de produção. As quantidades na área de trabalho também se baseiam na performance do fornecedor, mas a demanda do cliente e as frequências de entrega também fazem parte do cálculo. O seu coordenador do kaizen deve trabalhar para a redução do estoque e no abastecimento de materiais, devendo ter uma relação de trabalho com o departamento de compras e com os fornecedores.

Gestão de projetos

As áreas de especialização anteriores para o coordenador do kaizen foram um tanto técnicas e analíticas. Completando o conjunto de habilidades do coordenador do kaizen estão as habilidades em gestão de projetos. Planejar, conduzir e acompanhar eventos kaizen requer gestão de projeto. Muitas vezes uma pessoa que possui boas qualidades analíticas carece de capacidade para a gestão de projeto, embora nem sempre seja o caso. Um dos aspectos fundamentais da gestão de projeto é lidar com pessoas e suas diferentes personalidades. Tive o prazer de contratar e contar com alguns dos melhores engenheiros de produção e industriais trabalhando para mim. Mas se tivessem me perguntado: "Qual era a semelhança entre todos eles?" Eu diria que todos lutaram para trabalhar com pessoas de diferentes personalidades. Nem tudo na produção enxuta é voltado para os dados e o seu pessoal é o elemento mais importante de uma jornada de produção enxuta bem-sucedida.

As equipes de kaizen devem ser multifuncionais e diversas. Elas têm metas diante de si e devem concluir as implementações no prazo. As opiniões variam em relação a qual é a melhor solução para a redução do desperdício e às vezes os eventos kaizen podem gerar discussões acaloradas. Os bons gerentes de projeto conseguem lidar com essas circunstâncias e assumir novos rumos, conforme o necessário, para garantir que as pessoas estejam sendo ouvidas e que a equipe ainda consiga ter o trabalho feito no prazo. Os orçamentos podem ter que ser considerados também. Exige-se muito de um bom gerente de projetos e eu sinto que qualquer coordenador do kaizen possui esses atributos.

Portanto, você tem isso. Apesar de ter sido uma descrição resumida de um coordenador do kaizen, ela dá uma ideia do tipo de indivíduo necessário para essa função. Algumas empresas demoram um pouco para achar o candidato ideal. Não há pressa. Como em qualquer outra posição na empresa, certifique--se de que a pessoa que você escolher possa satisfazer os requisitos da função.

ESCOLHENDO O COORDENADOR DO KAIZEN

Agora que você tem uma compreensão geral do conjunto de habilidades de um bom coordenador do kaizen, é hora de começar a sua busca. Como acabei de dizer, isso toma o seu tempo. Tenho um cliente em Chicago que levou mais de um ano para, finalmente, decidir. A maioria dos candidatos entrevistados tinha a base e a experiência que estávamos buscando, mas não tinham a paixão que também é necessária. A empresa finalmente encontrou alguém apto para a função.

Ao escolher um coordenador do kaizen você pode considerar duas opções. Você pode escolher alguém que trabalhe atualmente na empresa; chamemos esse empregado de opção interna. Ou você adota a opção externa e encontra alguém totalmente novo para a empresa. Ambas as opções têm seus prós e seus contras.

Opção interna

Lembre que esta posição é completamente dedicada à produção enxuta, então se você decidir escolher alguém dentro da organização a antiga função dessa pessoa deve ser preenchida.

Prós:
- Conhecimento aprofundado das operações da empresa.
- Trabalhou com a cultura atual.
- Está familiarizado com os produtos e processos da empresa.

Contras:
- Está imbuído das velhas maneiras de trabalhar.
- Acha difícil enxergar novas abordagens para o trabalho.
- Faz parte do sistema antigo.
- A vaga antiga deve ser preenchida.

Opção externa

Se você não for capaz de encontrar alguém na empresa para assumir o papel de coordenador do kaizen, isso não caracteriza um mau reflexo da capacidade atual da sua cultura. A função do coordenador do kaizen não é fácil. Ela pode ser estressante algumas vezes e depende de muitas coisas para o seu sucesso. Se você decidir partir para fora da empresa, esta opção também terá seus prós e contras.

Prós:
- Traz uma nova perspectiva.
- Tem experiência e conhecimento a respeito de outras empresas.
- Pode ter uma base em produção enxuta.

última parte deste capítulo é dedicada à discussão das alternativas ao coordenador do kaizen.

RESPONSABILIDADES DO COORDENADOR DO KAIZEN

Uma vez resolvida a questão do coordenador do kaizen, você pode começar a atribuir-lhe responsabilidades. Junto com as responsabilidades que discuti até agora, seguem aqui algumas outras matérias nas quais o coordenador assume a liderança:

- Treinamento
- Reunião mensal do kaizen
- Quadros de comunicação
- Boletim informativo do kaizen
- Caixa de sugestões do kaizen
- Planilha de acompanhamento do evento kaizen
- Liderança da equipe
- Acompanhamento de item de ação
- Monitoramento de outras iniciativas de produção enxuta

Treinamento

O coordenador do kaizen também está encarregado de criar o conteúdo e estabelecer o cronograma de treinamento da empresa em produção enxuta e kaizen. Se a empresa tiver recém-iniciado a sua jornada de produção enxuta, o coordenador do kaizen deve estar treinando todos os empregados nos princípios da produção enxuta. A melhor abordagem é um ambiente de sala de aula e, às vezes, é uma boa ideia alugar um espaço fora do local para evitar interrupções. O coordenador precisa elaborar um currículo para três níveis: o primeiro é o treinamento em liderança, o segundo é o treinamento da gestão intermediária e superior (que inclui o pessoal de escritório e outro pessoal de apoio, como os engenheiros) e o terceiro é o treinamento no nível de produção/manutenção/supervisão.

Com o passar do tempo, o coordenador deve trabalhar com o departamento de RH para ajudar a desenvolver o treinamento para os novos empregados, independente de seus cargos ou onde trabalhem. Isso também inclui treinamento de reciclagem contínua para todos os empregados. O RH também pode usar o coordenador do kaizen para elaborar as descrições das funções para os novos empregados. O coordenador sempre deve ser um dos empregados que

Contras:
- Não está familiarizado com as operações da empresa.
- Não conhece os produtos ou processos.
- Não desenvolveu relações com os operadores

Ambas as opções exigem um investimento financeiro no futuro da pessoa e da empresa. Se você optar por uma pessoa interna, ainda terá que preencher a sua vaga anterior. Assim, existe o custo adicional de contratar essa pessoa. Entretanto, uma vez que você tenha um coordenador do kaizen que possa obter os resultados, o retorno desses investimentos compensará o esforço.

CUSTO DE UM COORDENADOR DO KAIZEN

Qual é o investimento? Permita-me usar a opção externa como exemplo, já que não só contratei coordenadores de kaizen como já fui um deles alguns anos atrás. Os coordenadores do kaizen capazes de gerar resultados valem bem mais do que os seus salários. Embora o número possa ser para mais ou para menos, dependendo da geografia e do histórico salarial, um bom coordenador do kaizen vale cerca de US$ 80 mil por ano, mais benefícios. Tenha em mente que estou falando sobre contratar uma pessoa que fique focada em uma fábrica ou pelo menos 80 a 90% focada em uma instalação. Algumas organizações exigem demais do seu coordenador do kaizen, caso ele tenha que dar suporte a mais de uma fábrica. Isso não significa que o coordenador não deva visitar outras fábricas e sugerir orientações, mas é melhor ter coordenadores de kaizen em cada fábrica.

Provavelmente você está pensando que esta abordagem é cara. Bem, pode ser, dependendo dos resultados e do apoio da liderança. Mas se por meio da liderança do coordenador do kaizen as implementações de produção enxuta economizarem de US$ 500 mil a US$ 1 milhão para a empresa a cada ano, devido à diminuição do desperdício, me parece válido o investimento de US$ 80 mil.

Porém, não esqueça dos outros custos de contratação envolvidos na opção externa. Você pode precisar realocar o candidato e a sua família também. Depois de muitas entrevistas, despesas de viagens, mudança de bens e veículos, taxas de término de locações, custos de fechamento de compra e venda de uma casa e outras várias despesas de mudança, uma empresa poderia gastar de US$ 20 mil a US$ 30 mil adicionais para colocar a bola em jogo. Contudo, com a pessoa certa, estes custos trarão um retorno 50 vezes maior. Naturalmente, sei que o investimento deve ser feito antes e que ele pode não ser economicamente viável para a empresa; é por isso que a ajuda a entrevistar e fazer a triagem dos candidatos a emprego. Conforme a produção enxuta se tornar cada vez mais integrada no modelo de negócio da sua firma, o coordenador do kaizen deve se envolver na maior parte do processo de contratação para assegurar que o talento correto seja contratado.

Reunião mensal do kaizen

A sua comissão gestora do evento kaizen se reúne uma vez por mês para discutir todas as iniciativas de produção enxuta, incluindo os eventos kaizen. Esta reunião é comandada pelo coordenador do kaizen, sendo ele o responsável por marcar a reunião, criar a agenda da reunião e enviar notas da reunião. Durante o encontro, o coordenador do kaizen deve obter relatórios situacionais de todos os membros da comissão sobre quaisquer projetos de produção enxuta em andamento. Discutir os eventos kaizen é um dado, como detalhei antes neste livro; mesmo as pequenas iniciativas de melhoria precisam ser discutidas. Para o sucesso de sua jornada de produção enxuta é fundamental realizar esta reunião, a despeito da quantidade de esforço que esteja em andamento na redução do desperdício. O coordenador do kaizen também é responsável por manter o comprometimento dos outros membros da comissão gestora.

Quadros de comunicação

Abordei o assunto dos quadros de comunicação no Capítulo 2. É função do coordenador do kaizen manter as informações deste quadro e atualizá-las conforme o necessário para manter as pessoas informadas a respeito dos próximos eventos kaizen.

Boletim informativo do kaizen

As informações no boletim informativo do kaizen provêm do coordenador do kaizen. O coordenador está altamente envolvido em todas as iniciativas de produção enxuta e pode fornecer informações valiosas para o boletim. O coordenador pode criar o boletim ou isso pode ser realizado por algum dos recursos humanos ou um gerente de escritório; não importa. Independente disso, o boletim informativo do kaizen faz parte das responsabilidades do coordenador do kaizen.

Caixa de sugestões do kaizen

O coordenador do kaizen deve ser uma presença constante no chão de fábrica e nos processos administrativos, aprendendo como eles funcionam, desenvolvendo relações com todas as pessoas e descobrindo oportunidades para a redução do desperdício. A presença do coordenador possibilita que as pessoas falem abertamente sobre os problemas em seus respectivos processos; basicamente, o coordenador do kaizen mantém uma política de portas abertas em relação às ideias de melhoria e deve estar em debates constantes com os trabalhadores do chão de fábrica sobre as suas ideias de melhoria. Fora dessas interações, a caixa de sugestões do kaizen deve estar disponível para aquelas pessoas que não desejam falar abertamente. É responsabilidade do coordenador do kaizen esvaziar a caixa e avaliar as sugestões. Estas sugestões devem ser levadas para a reunião mensal de kaizen para serem discutidas pela comissão gestora do evento kaizen.

Planilha de acompanhamento do evento kaizen

A planilha de acompanhamento do evento kaizen tem que ser mantida atualizada para todos os empregados, sendo que essa tarefa é responsabilidade do coordenador do kaizen. A planilha é apresentada à comissão durante as reuniões mensais do kaizen e deve estar disponível para ser examinada por aqueles que não comparecem às reuniões. Lembre-se: esta planilha de acompanhamento é importante para manter visíveis e precisas as informações sobre todos os elementos dos eventos kaizen.

Liderança da equipe

Nos estágios iniciais das sua jornada de produção enxuta, o coordenador do kaizen é a pessoa ideal para liderar as equipes de kaizen. O coordenador do kaizen também define os critérios que podem ser usados para escolher os futuros líderes de equipe. Se você não tiver um coordenador em um determinado momento ou no início da jornada de produção enxuta, apenas faça uma lista de critérios que funcionarão até a escolha de um coordenador do kaizen. Com ou sem critérios, os bons líderes de equipe se desenvolvem com o passar do tempo por meio das experiências nos eventos kaizen – os bem-sucedidos e os malsucedidos. Mesmo quando o coordenador do kaizen não é o líder da equipe, ele deve estar disponível para apoiar e estimular os membros de uma equipe do evento.

Acompanhamento do item de ação

Depois de cada evento kaizen, haverá trabalho não concluído que precisa ser completado dentro de 30 dias. É responsabilidade do coordenador do kaizen acompanhar os avanços dos líderes e membros da equipe. O coordenador precisa ajudar a remover quaisquer obstáculos que possam estar impedindo a conclusão dos itens e decidir se a comissão gestora do evento kaizen precisa ajudar.

Monitoramento de outras iniciativas de produção enxuta

Lembre-se: é vital para o sucesso de sua jornada de produção enxuta não ficar preso no "evento-produção enxuta". Esperar por um evento kaizen para fazer melhorias não é a abordagem adequada. Os eventos kaizen são uma opção de disponibilização das implementações de produção enxuta. É igualmente importante o que você faz para aprimorar a empresa fora dos eventos kaizen. Talvez seja um plano permanente de redução do estoque ou o trabalho em busca de um programa de certificação de fornecedor. Elabore equipes permanentes de redução do tempo de *setup* e dos tempos de troca para abordar constantemente o tempo de inatividade durante esses procedimentos. Sejam quais forem as iniciativas, o coordenador do kaizen deve monitorá-las para assegurar que todas sejam capazes de diminuir o desperdício em seus processos de forma permanente, fora dos eventos agendados.

Então, como você pode ver, são diversas as responsabilidades do coordenador do kaizen. Algumas podem parecer simples, mas posso lhe garantir que o coordenador do kaizen fica bastante ocupado e, com o passar do tempo, ele se envolve bastante no plano estratégico global da empresa.

ALTERNATIVAS

Alguns de vocês podem estar pensando: "Não haveria meio de podermos ter um coordenador do kaizen". Bem, você não é minoria aqui; e, para ser honesto, a maioria das empresas não pode. Eu sei que um bom coordenador do kaizen se pagará e depois compensará muito mais, mas se você está na categoria dos sem-coordenador-de-kaizen, você ficará feliz ao saber que existem alternativas. Entretanto, você deve atribuir a responsabilidade da produção enxuta de alguma maneira ou ela será deixada de lado.

Pense em todos os requisitos de um coordenador do kaizen e depois pense nas pessoas da sua empresa que já possuem essas habilidades. Um dos meus clientes não possui coordenador, mas a empresa está "fazendo" produção enxuta com grande sucesso. Sua jornada é mais lenta do que as das empresas que possuem um coordenador, mas ainda assim está evoluindo em relação à diminuição do desperdício.

Atribua a alguém a tarefa de ser o coordenador de 5S. Esta pessoa é responsável por garantir que todos os projetos que usem os elementos de 5S sejam bem-sucedidos. Seu coordenador de 5S deve estar envolvido no planejamento dos eventos kaizen com alguém que seja o seu coordenador do evento kaizen. Esta pessoa é responsável por planejar os eventos e ajudar na liderança e acompanhamento da equipe. Faça com que o RH assuma a liderança na atualização dos quadros de comunicação e do boletim informativo, além do exame das sugestões. Ache alguém na empresa que seja bom em coleta de dados, tal como um engenheiro industrial ou outra pessoa técnica, que possa ajudar a analisar os processos e sugerir maneiras melhores para fluir a produção e calcular os requisitos adequados das estações de trabalho e do pessoal.

O talento existe na sua empresa; basta encontrá-lo e se certificar de que as pessoas tenham tempo para trabalhar nos itens relacionados à produção enxuta e ao kaizen. Também recomendo a contratação de estagiários dos departamentos de operações ou engenharia de uma universidade local que possam ser utilizados em – bem, qualquer coisa. Muitos dos meus clientes usam estagiários para fazer mapeamento do fluxo de valor e estudos de tempo, enquanto buscam um coordenador do kaizen. Ou eles apenas usam estagiários de forma permanente em diversas tarefas. Os estagiários estão ávidos para usar o que aprenderam na universidade e para começar a enriquecer seus currículos em busca de outras oportunidades de carreira. Também é sempre bom usar um consultor, quando necessário (embora eu não esteja tentando vender os meus serviços a você). Um consultor ajuda a manter o andamento da jornada e um bom consultor sabe quando dar um passo atrás e deixar o cliente continuar por conta própria.

POR QUE UM COORDENADOR DO KAIZEN?

Não há muito mais a dizer nesse ponto em relação ao coordenador do kaizen. Dediquei um capítulo inteiro a isto porque é a minha opinião sincera que um coordenador do kaizen é um componente vital da produção enxuta. A taxa de retorno sobre essa pessoa é extraordinária. Porém, também vivo no mundo real e algumas organizações simplesmente não têm essa opção. Então, espero ter delineado algumas alternativas boas para você, de modo que possa decidir o que é melhor para a sua empresa. O ponto de partida, é: você atribui responsabilidade para algumas atividades da produção enxuta, seja para um coordenador do kaizen, seja distribuindo-as entre vários empregados.

Agendamento do Evento Kaizen   4

Os eventos kaizen requerem planejamento antecipado sólido para garantir que sejam bem-sucedidos. Tradicionalmente, foi ensinado que não devem ocorrer atividades antes do evento. Com esta abordagem, uma equipe de kaizen começaria o primeiro dia do projeto confusa e sem direção. Trabalhando muitas vezes de 12 a 16 horas por dia, a equipe de kaizen passaria por uma série de tentativas e erros até chegar a um leiaute final ou a um punhado de soluções para reduzir o desperdício. Eles estariam exaustos e muitas vezes frustrados em consequência desses eventos kaizen. Acredito muito e pratico a preparação e o planejamento de cada evento kaizen que uma empresa conduza. Isso não significa que as respostas devam ser dadas para a equipe. Depende das metas da equipe. Determinadas tarefas devem começar pelo menos quatro semanas antes do evento.

Alguns eventos kaizen podem ser planejados ainda antes de quatro semanas, dependendo da complexidade da área de trabalho, do tamanho da linha e do espaço no chão de fábrica ocupado por uma célula; a consolidação dos dois processos provavelmente exigiria mais pré-planejamento. Como mencionei no Capítulo 2, os eventos kaizen consistem em tempo estruturado, uma área selecionada e uma equipe talentosa. As iniciativas de eliminação de desperdício entre os eventos kaizen nada mais são do que a prática do kaizen. Essas atividades não exigem necessariamente muita preparação, mas apenas um pouco de esforço para dar continuidade às melhorias. Os eventos kaizen tomam um caminho diferente.

Existem basicamente três estágios para um evento kaizen: pré-planejamento, implementação e acompanhamento. Este capítulo irá delinear os aspectos fundamentais do pré-planejamento de um evento kaizen, começando quatro semanas antes do evento. Todo o conteúdo deste capítulo deve ser utilizado como uma orientação. Conforme a sua organização ficar mais experiente na condução dos eventos kaizen, você irá refinar as etapas necessárias em todos os estágios. É responsabilidade da comissão gestora do evento kaizen liderar as iniciativas de pré-planejamento e assegurar que cada uma delas seja completada a tempo para o evento.

QUATRO SEMANAS ANTES DO EVENTO KAIZEN

- Escolher o processo/departamento/área de trabalho que será o foco do evento.
- Fazer uma lista provisória dos membros da equipe de kaizen.
- Escolher o líder da equipe do evento kaizen.
- Estabelecer as metas da equipe.
- Estimar os gastos do evento.
- Providenciar os suprimentos.
- Atualizar o sistema de comunicação do kaizen.
- Agendar o auxílio externo.
- Realizar a análise de desperdício da área.

Escolher o processo/departamento/área de trabalho que será o foco do evento

A escolha do foco para um evento kaizen depende de algumas variáveis. Muitas vezes basta um "pressentimento"; sou um defensor de começar e não de esperar pela direção perfeita. As empresas podem ficar paralisadas pela falta de decisão e nunca passarem realmente da formulação da ideia para a ação. Não espere pela varinha mágica porque ela não existe. Porém, existem algumas orientações que você pode seguir para escolher as áreas, visando a sua melhoria ou, pelo menos, para um evento kaizen.

Primeiro, você pode avaliar as vendas e o resultado da produção. O produto, linha de produto ou área contribuem em grande parte para a sua receita global e/ou resultado total? Cuidado, pois um produto de alto volume pode ter muito pouco efeito sobre a receita total, já que pode ser um item de preço baixo. Por outro lado, a linha de produto pode representar uma grande parte da receita, mas o resultado em comparação com os outros produtos pode ser muito baixo. Um produto de movimento rápido e altas vendas é um bom ponto de partida.

Segundo, observe o desempenho. Determine a produtividade atual do processo e compare-a a outras áreas que possam estar com um desempenho mais eficiente. Observe as informações sobre a qualidade, internamente e externamente, para ver se a necessidade de melhorias pode estar baseada em erros, defeitos, refugos, retrabalho e reclamações dos clientes. As informações sobre as reclamações dos clientes são úteis, contanto que sejam precisas. Após o produto sair da fábrica, ele pode passar por diversas pessoas, fluir por vários processos externos e ser manuseado sem parar. As informações sobre a qualidade interna geralmente são mais imediatas e têm uma chance maior de estarem exatas e, assim, mais confiáveis. Que espaço no chão de fábrica está sendo ocupado pela linha ou processo devido ao excesso de WIP ou estoque? Esta observação ou medição também lhe dará alguma perspectiva sobre a distância percorrida. As distâncias longas são equivalentes a prazos de entrega mais longos, logo, é inteligente analisar o uso do chão de fábrica e a distância a ser percorrida.

Terceiro, quantos dos setes desperdícios mortais estão consumindo as vidas dos trabalhadores da produção? Ainda mais importante, quanto do seu dia é perdido em atividades sem valor agregado? Deixar a área de trabalho, retrabalhar produtos, criar e processar em demasia, compartilhar ferramentas e aguardar produtos, componentes e informações são exemplos de coisas que afetarão negativamente o custo, a qualidade e a entrega. Será necessária alguma análise do processo para perceber o quanto há de desperdício; discutirei este exercício de coleta de dados no Capítulo 6.

Quarto, o que os operadores da produção estão lhe dizendo no sistema de sugestões que comentei no Capítulo 2? Suas sugestões podem trazer à tona inúmeros problemas desconhecidos para a gestão e a equipe de apoio, tais como problemas com equipamentos, fornecedores, componentes, ferramentas, apresentação dos componentes, organização do trabalho e desequilíbrios no processo.

Estes quatro fatores são tudo o que você precisa para tomar uma decisão. Não espere para ter 100% das informações antes de tomar uma decisão ou você jamais tomará uma. Simplesmente, observe as vendas, o resultado, o desempenho, o desperdício e as sugestões dos empregados em alguma composição e mexa-se!

Fazer uma lista provisória dos membros da equipe de kaizen

A única chave para o sucesso é ter todos os membros de equipe escolhidos no evento kaizen. A comissão deve criar uma lista provisória de potenciais membros quatro semanas antes do evento e verificar a sua disponibilidade. Durante esse tempo, os gerentes e o RH podem verificar quaisquer programações de férias que tenham sido submetidas para a semana de realização do evento kaizen. Além disso, certos empregados podem estar pouco ocupados devido a lesão ou doença; esse é o momento de verificar a papelada e os registros do empregado com relação a essas informações.

Um outro fator a considerar quando se escolhe os membros da equipe é se eles estão envolvidos em outras atividades relacionadas à empresa, tais como treinamento ou viagens de trabalho. Nada me aborrece mais do que entrar num evento kaizen pensando que tenho oito membros na equipe, por exemplo, e há apenas cinco porque não foi feito o planejamento apropriado. Assim, deve ser feita uma lista provisória de modo que haja tempo adequado para averiguar se todos podem participar. Naturalmente, as emergências familiares e a doença logo antes de um evento não podem ser evitadas.

Escolher o líder da equipe do evento kaizen

Uma vez escolhidos a área e os membros da equipe, você pode passar para a escolha do líder da equipe. Escolher empregados para serem líderes de equipe não é tão fácil quanto parece. Os eventos kaizen são muito intensos e requerem bons líderes que possam avaliar situações e dirigir pessoas para garantir o sucesso. Muitas vezes o seu coordenador do kaizen é a melhor opção, mas, como eu disse anteriormente, nem todas as empresas podem ter esse tipo de posição. Então, é inteligente elaborar critérios para a liderança da equipe do evento kaizen. São atributos importantes do líder da equipe do evento kaizen:

- Habilidade em gestão de projetos
- Habilidades interpessoais
- Inclinação técnica
- Ser bom em cumprir prazos
- Capacidade de se manter dentro de orçamentos
- Comunicação eficiente das metas e objetivos
- Atitude positiva

Quando escolher o líder da equipe, você não precisa escolher necessariamente os supervisores de linha de produção ou de área. Contanto que a equipe tenha membros que trabalhem regularmente na área escolhida como foco do evento, o seu líder de equipe pode ser qualquer um que tenha as qualidades enumeradas acima. Os bons líderes de equipe também se desenvolvem com o tempo e conforme fizer o rodízio de diferentes pessoas nos papéis de liderança do evento kaizen, você desenvolverá um poderoso pool de agentes de mudança a partir do qual poderá fazer escolhas no futuro.

Estabelecer as metas da equipe

Como foi discutido no Capítulo 2, as equipes de kaizen devem ser escolhidas e agendadas para um evento com a finalidade de melhorar a empresa. Sem metas definidas, uma equipe de qualquer tipo pode se descobrir trabalhando sem uma finalidade. No Capítulo 1, descrevi os indicadores-chave do chão de fábrica tais como a produtividade, o uso do espaço, a qualidade, a distância a percorrer e o estoque. As metas de melhoria com esses indicadores em mente ajudarão a equipe a identificar as oportunidades de eliminação do desperdício.

Estimar os gastos do evento

Deve ser alocado um determinado valor em dinheiro para cada evento kaizen, de modo que os membros da equipe sugiram boas soluções para os problemas, sendo que, às vezes, elas requerem uma viagem rápida ao banco interno de melhorias. Posso me lembrar de um evento kaizen cerca de cinco anos atrás quando dois membros da equipe conceberam uma solução para a identificação das estações de trabalho. Durante o evento, a equipe estava no meio de uma implementação de 5S e eu havia atribuído à equipe a tarefa de sugerir uma maneira de identificar as estações por meio de sinais. Havia alguns critérios. Primeiro, os sinais tinham que ser altos o suficiente de forma que os abastecedores de material pudessem enxergar a localização das estações à distância. Segundo, a designação ou o número da estação tinha que estar visível a partir da mesma distância.

Um operador de linha de produção na equipe e alguém da manutenção se reuniram e decidiram assumir a tarefa. Eu tinha plena consciência de que a tarefa em mãos não era demasiadamente complicada, então eu estava à procura de criatividade. Fui para o meu trabalho cuidar de outra questão.

Os dois desapareceram por um tempo, cerca de duas horas, e depois eu os encontrei no departamento de manutenção. Eles estavam claramente construindo alguma coisa para o evento. No final do dia, eles saíram para a linha de montagem com um carrinho repleto do que pareciam ser tubos de PVC. Eles tinham ido até um fornecedor de material hidráulico e compraram dois tamanhos diferentes de tubos de PVC, além de algumas peças. A Figura 4-1 é uma ilustração simples do que eles construíram.

Cada estação teria um desses sinais – uma solução simples e muito criativa. Eles utilizaram o dinheiro orçado para o evento kaizen para comprar suprimentos para essa ideia. Habitualmente, o maior valor gasto no orçamento para o evento é para a alimentação da equipe, mas também deve haver o suficiente para esses pequenos projetos que aparecem durante cada evento.

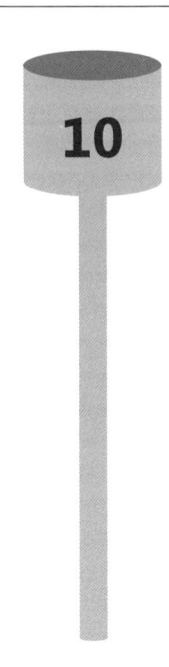

Figura 4-1 Sinalização da estação.

Providenciar os suprimentos

Toda equipe de kaizen demandará alguns suprimentos. As equipes usam várias coisas para eliminar o desperdício ou para implementar uma prática de produção enxuta. Por exemplo, durante a implementação do 5S, as equipes de kaizen precisaram de fita adesiva para o chão, tinta, etiquetas, material para plastificação, marcadores, trenas e cortadores de caixa. É bom ter esses itens em todo evento kaizen colocados numa "caixa de suprimentos do evento kaizen." Esta caixa é um ativo valioso para qualquer empresa que esteja conduzindo eventos kaizen. Nunca falhou comigo ou com meus clientes. É melhor construir uma caixa personalizada, caso você tenha pessoal de manutenção, mas você pode comprar algo em qualquer loja de utilidades domésticas.

Também é comum encomendar material para construir coisas. Tubos metálicos de uma polegada para gabaritos especiais, mesas e prateleiras, além de um quadro com furos e pinos para criar quadros de ferramentas também são bons exemplos. Esta lista pode prosseguir indefinidamente. Certifique-se de começar a fase de providenciar os suprimentos neste ponto.

Atualizar o sistema de comunicação do kaizen

Quando estiver a quatro semanas do evento, atualize os quadros de comunicação, gere um novo boletim informativo e colete as sugestões da caixa de sugestões do evento kaizen. Comece a enviar e-mails para os empregados que não estão na equipe, de modo que eles tomem ciência do evento. É bom para todos saber da existência de todos os eventos, de forma que saibam que não devem tomar decisões que tirem os membros do evento ou que o tornem difícil de concluir.

Agendar o auxílio externo

Diversas pessoas que nem mesmo trabalham na fábrica podem ser membros da equipe. Os trabalhadores de empresas do grupo podem ser convidados para contribuir com o evento kaizen. Esta é uma abordagem inteligente quando as organizações estão tentando padronizar de alguma maneira as implementações de produção enxuta. Digo *de alguma maneira* porque cada jornada é diferente, mas isto ainda permite as melhores práticas. Atualmente, a Kaizen Assembly tem um cliente com uma fábrica em Ferndale, WA, e Lafayette, LA, sendo que elas se ajudam durante os eventos kaizen (veja o Capítulo 7).

Outro auxílio externo poderia ser o dos fornecedores ou dos clientes. Os fornecedores podem ser convidados a comparecerem e contribuírem durante os eventos kaizen que abordam a linha de produção em relação aos produtos nos quais são usados os seus componentes e materiais. Os facilitadores do evento kaizen e os consultores podem ser contratados para liderar ou co-liderar os eventos na primeira vez. Todos esses recursos externos devem ser agendados pelo menos quatro semanas antes do evento para que possam ser feitos os arranjos de viagem.

Realizar a análise de desperdício da área

A análise de desperdício será descrita em muito mais detalhes no Capítulo 6, mas como este é o capítulo do agendamento, eu devo comentá-la aqui. Dependendo do evento kaizen, devem ser conduzidas a coleta de dados e a análise do desperdício para garantir que a equipe esteja tornando o processo mais eficiente. Estão disponíveis na produção enxuta inúmeras ferramentas de coleta de dados, mas umas são melhores do que outras, de acordo com o processo.

Frequentemente, antes de um evento kaizen, são feitos o mapeamento do fluxo de valor e os estudos de tempo para calcular o trabalho com e sem valor agregado. Geralmente, o trabalho com valor agregado é o tipo de trabalho realizado para criar componentes, montar produtos e operar máquinas. O trabalho sem valor agregado consiste em tarefas que envolvem os sete desperdícios (superprodução, processamento, espera, movimento, transporte, defeitos e estoque). O mapeamento do fluxo de valor é feito para obter uma visão do processo em um nível mais alto, do início ao fim, geralmente partindo do fornecedor e chegando até o consumidor. Os estudos de tempo podem ser feitos para calcular o trabalho necessário para criar um produto e um componente, incluindo os movimentos das pessoas e outras ineficiências. Estas informações podem ser empregadas para identificar oportunidades de eliminação de desperdício e permitir que a equipe faça melhorias importantes na área. Nem todos os eventos kaizen requerem coleta de dados, mas alguns deles sim. Isso será discutido em mais detalhes no Capítulo 6.

A análise do desperdício de qualquer tipo deve ser feita pelo menos quatro semanas antes do evento. Dependendo dos recursos, uma organização deve ter alguém focado em coletar essas informações de forma permanente para ajudar a preparar as equipes e conduzir outros esforços de melhoria contínua.

DUAS SEMANAS ANTES DO EVENTO KAIZEN

A maior parte dos itens de pré-planejamento foi iniciada na virada da quarta para a terceira semana. Com duas semanas de antecedência, as preparações começam a mudar e/ou se acelerar, dependendo da tarefa. Estas são as tarefas que devem ser iniciadas duas semanas antes do evento:

- Concluir a seleção dos membros da equipe de kaizen.
- Atualizar os suprimentos e os recursos externos.
- Pedir aos membros da equipe que percorram a área escolhida.
- Escolher uma sala onde a equipe possa se reunir.
- Analisar os dados coletados e começar a propor ideias de projeto.

Concluir a seleção dos membros da equipe de kaizen

Com duas semanas de antecedência, a equipe de kaizen deve estar constituída. Eles devem saber que a sua experiência é necessária para a equipe e que foram escolhidos. Enquanto segue em sua jornada, considere que algumas empresas chegam a um ponto do seu programa de kaizen em que a participação no evento kaizen é voluntária. Conforme as pessoas veem as melhorias sendo feitas e como o kaizen está afetando a sua empresa, elas se candidatam voluntariamente a participar dos eventos.

Atualizar os suprimentos e os recursos externos

Neste ponto, obtenha um relatório da situação de todos os suprimentos ou equipamentos requisitados para o evento kaizen. Ainda mais importante, a caixa de suprimentos do evento kaizen deve ser abastecida. Verifique a participação dos potenciais recursos externos que possam estar envolvidos no evento kaizen. Se, por alguma razão, eles não puderem fazê-lo, você ainda tem tempo de escolher outras pessoas para participarem em seus lugares. Esta não é uma situação ideal, mas pode acontecer e com esse planejamento você ainda pode ter uma equipe completa.

Pedir aos membros da equipe que percorram a área escolhida

Faça com que os membros da equipe passem algum tempo na área escolhida para o evento kaizen. As empresas que possuem uma grande instalação ou múltiplos prédios deve estimular os empregados a visitar os processos fora da sua área de atribuição normal, especialmente na preparação para um evento kaizen. Fazer com que os membros da equipe percorram a área antecipadamente lhes dará um senso de como as coisas funcionam. Embora a verdade é que se a fábrica for pequena, provavelmente os empregados já estarão familiarizados com tudo. Uma vez iniciado o evento kaizen, você deseja que a equipe tenha alguma ideia de que tipo de máquinas, equipamentos, ferramentas e pessoas são usadas para fabricar os produtos.

Escolher uma sala onde a equipe possa se reunir

Durante um evento kaizen, a equipe precisará de dois lugares para trabalhar. A primeira área de trabalho geralmente é o processo, linha de montagem ou área que foi escolhida como foco do evento kaizen. Algumas vezes, é difícil trabalhar no processo em funcionamento, então escolha um lugar onde a equipe possa trabalhar que seja bem próximo da linha de produção. A segunda área é uma sala de reuniões ou de treinamento, onde a equipe possa colocar seus pertences. Este lugar também é necessário para conduzir as discussões do grupo, almoçar e fazer reuniões. Muitas vezes uma empresa possui um sistema de reservas para assegurar as salas. Clientes, fornecedores e outros empregados usam as salas, então é melhor reservar uma com antecedência. Nada é mais incômodo do que não ter uma "sala de guerra" para a equipe de kaizen após iniciada a semana de kaizen. Garanta a sala com antecedência, de modo que não haja confusão ou, mais importante, interrupções da equipe.

Analisar os dados coletados e começar a propor ideias de projeto

Dependendo do evento e das metas da equipe, uma análise da situação atual do processo deve ter sido realizada com antecedência. Ela pode ter a forma de um mapeamento do fluxo de valor (discutido no Capítulo 3), estudos de tempo, análise do desperdício ou outras avaliações de fluxo e tempo. Neste ponto de duas semanas anteriores, comece a examinar as informações, mesmo que ainda não esteja completas. O que pode ser feito com essas informações antes do evento começar? Está claro que existem estações ou desbalanceamentos demais no conteúdo do trabalho entre os operadores ou há muita circulação de pessoas? Ocasionalmente, pode-se concluir muito pouco a partir dessas informações, mas é bom examiná-las com antecedência. Discutirei de forma abrangente a coleta de dados no Capítulo 6.

UMA SEMANA ANTES DO EVENTO KAIZEN

Agora é a hora decisiva. Faltando uma semana, é melhor que as preparações estejam nas fases finais.

- Obter informações sobre a condição atual.
- Reunir-se com os membros da equipe de kaizen.
- Colocar todos os suprimentos no local de reunião da equipe.
- Reunir-se com o gerente da fábrica ou geral.
- Preparar os alimentos.

Obter informações sobre a condição atual

Há uma semana do evento, familiarize-se com o estado atual do processo. A comissão gestora do evento kaizen deve ter estabelecido as metas para a equipe em relação aos aumentos da produtividade, melhorias na qualidade, redução do espaço no chão de fábrica, redução da distância a percorrer, redução do tempo de *setup* ou redução do estoque, por exemplo. Dependendo do(s) indicador(es) selecionado(s), o coordenador do kaizen, ou o líder da equipe de kaizen, coleta estas informações sobre o estado atual, as quais serão apresentadas à equipe durante este período de uma semana de antecedência e durante o evento kaizen. As informações sobre o estado atual fornecem um ponto de partida para a equipe.

Reunir-se com os membros da equipe de kaizen

Neste ponto, todos os membros da equipe devem conhecer os detalhes da sua participação. Se não conhecerem, sua empresa tem problemas de planejamento. Não deve haver confusão a respeito de quem está na equipe, a área escolhida e o intervalo de tempo para o evento kaizen. Convoque a equipe para a sala de reuniões por ceca de 30 minutos. O líder da equipe e/ou o coordenador do kaizen devem examinar as seguintes informações:

- A área escolhida para o evento: produtos, equipamentos, número de operadores, resultado, questões de qualidade e produtividade, nível de experiência dos operadores e número de turnos
- Apresentações dos membros da equipe: particularmente eficaz se a sua organização tiver centenas de empregados
- Condição atual: produtividade, qualidade, espaço no chão de fábrica, distância a percorrer, níveis de estoque, WIP e quantidade de estações de trabalho
- Metas da equipe: de acordo com a escolha da comissão
- Confirmação dos tempos de início e fim da equipe e dos turnos

Colocar todos os suprimentos no local de reunião da equipe

É melhor fazer isso na tarde anterior ao primeiro dia do evento kaizen. Coloque os *laptops*, impressoras, a caixa de suprimentos do evento kaizen etc. na sala de reuniões onde a equipe se reunirá no primeiro dia. Quando a equipe chegar, é bom ter tudo pronto para que possam começar a trabalhar imediatamente.

Reunir-se com o gerente da fábrica ou geral

O líder da equipe e/ou o coordenador do kaizen devem se reunir com o gerente da fábrica e dar o sinal de partida para o projeto. Embora neste ponto do jogo o gerente da fábrica deva saber de todas as mudanças, sempre é saudável se reunir com esta pessoa e abordar quaisquer questões finais. O gerente da fábrica precisa dar apoio total ao projeto, logo, quaisquer palavras finais de sabedoria dele ou do líder da equipe devem ser ditas neste momento.

Preparar os alimentos

Um dos elementos que mais contribuem para cativar os empregados e fazer com que sejam voluntários nos eventos é a alimentação fornecida pela empresa. Atribua a alguém a responsabilidade de providenciar, entregar e servir o almoço ou jantar para a equipe. Não economize nisso e seja criativo. Tenho um cliente em Chicago que faz um churrasco durante os eventos kaizen no verão; bifes e hambúrgueres são cozinhados para a equipe na plataforma de embarque. Certa vez a empresa trouxe um refrigerador com sorvete e picolés. Pizza e sanduíches também são o suficiente, mas certifique-se de fornecer alimentos variados para a equipe.

Conforme a sua companhia organizar mais e mais eventos kaizen e mais pessoas se tornarem membros de equipe, todos irão usufruir deste benefício adicional. Tente evitar o almoço fora do local porque isto tende a consumir muito tempo e requer transporte, além do tempo para a refeição. De qualquer maneira, o almoço também é um bom momento para fazer a reunião do meio-dia.

CONSIDERAÇÕES FINAIS SOBRE O CRONOGRAMA

As recomendações que sugeri neste capítulo são apenas orientações. Dependendo da sua cultura, gestão e sucesso do evento kaizen, a sua organização pode elaborar o seu próprio cronograma e estrutura de preparação. Cada um dos itens que descrevi foi listado porque ocorreu algum atraso durante os cerca de 200 eventos kaizen nos quais estive envolvido devido a uma dessas tarefas não ter sido realizada. A liderança do evento kaizen trata realmente de gestão de projetos e qualquer bom gerente de projeto dirá que a boa preparação nunca falha. Com todas as preparações concluídas, é hora de partir!

PARTE II

Eventos Kaizen

Os próximos capítulos usarão tudo o que comentei anteriormente para explicar os diferentes tipos de evento kaizen. Cada capítulo será específico ao "tema" do evento. Os critérios de planejamento apropriados serão abordados em cada capítulo; porém, lembre que os itens de pré-planejamento irão variar de acordo com o tema do evento. Tentarei manter alguma consistência com o que foi discutido na parte de cronograma do evento kaizen do Capítulo 3. Cada capítulo do evento kaizen seguirá o formato de evento com cinco dias. Mas, lembre-se de que nem todos os eventos duram cinco dias. A duração varia de acordo com trabalho a ser feito. O Capítulo 5, Eventos Kaizen 5S, descreverá o planejamento e a execução de um evento kaizen usado para implementar o 5S. Darei exemplos de um processo de produção e de um departamento de manutenção. O Capítulo 6 descreve um evento kaizen de trabalho padronizado, o qual envolve mais do que a implementação do 5S. Abordarei como conduzir avaliações preliminares sobre o processo, como os estudos de tempo, o balanceamento da linha de produção e a reposição do estoque.

O Capítulo 7 apresenta um exemplo real dos conceitos presentes neste livro. É um estudo de caso da Samson Rope Technologies que implementou com sucesso um programa de kaizen empresarial.

Eventos Kaizen 5S   5

Como foi mencionado, os eventos kaizen são um dos mecanismos empregados para implementar a produção enxuta. Em essência, cada evento precisa de um "tema", com metas e objetivos claros. O propósito de um evento kaizen 5S é implementar o 5S numa área que necessite de limpeza e organização. Este capítulo é projetado para lhe mostrar passo a passo como conduzir um evento kaizen 5S.

A Implementação do 5S é sempre um bom ponto de partida para uma jornada de produção enxuta recém-iniciada. As empresas podem ser tão agressivas quanto quiserem, mas implementar a filosofia 5S é mais fácil do que as demais práticas de produção enxuta. Como os resultados da implementação do 5S são visíveis, eles fornecem o elemento "tangível" da produção enxuta, os quais são mais fáceis de enxergar do que, por exemplo, um novo procedimento de troca de ferramentas ou a manutenção preventiva total.

Usar a abordagem do evento kaizen é igualmente positivo porque ela reúne uma equipe multifuncional de indivíduos que, juntos, podem implementar o 5S de um modo eficaz e altamente visível. Neste capítulo e no próximo, apresentarei cronogramas para a preparação e depois para cada dia do evento. Existirão variações na parte de pré-planejamento de cada capítulo. Você pode querer consultar o Capítulo 4, que discute a preparação para um evento kaizen.

QUATRO SEMANAS ANTES DE COMEÇAR

A preparação para um evento kaizen 5S provavelmente é mais fácil e menos demorada do que a preparação para outros tipos de evento kaizen. Ela não requer verdadeiramente muita coleta de dados, como o mapeamento do fluxo de valor ou os estudos de tempo. Ocasionalmente, é bom realizar uma análise do diagrama espaguete antes do evento, mas isto não é uma exigência.

Escolher a área

A escolha da área depende de muitas variáveis. Muitas vezes, a necessidade de liberar mais espaço no chão de fábrica é uma razão prioritária para realizar uma implementação do 5S, especialmente quando estão chegando um novo produto ou novas linhas de produto e a empresa deseja evitar a construção de um novo prédio. Dito isso, eu acho que é importante mencionar rapidamente o conceito de evitar custos. Muitas vezes, as organizações são pegas de surpresa na redução de custos. Apesar da redução de custos ser um efeito colateral positivo da produção enxuta, os benefícios de evitar custos podem ser significativos. Por meio de uma implementação agressiva do 5S, a empresa pode evitar o aumento de uma construção existente para acomodar uma nova linha de produto e estoque adicional, evitando assim o gasto de uma enorme quantia de dinheiro. Além do custo de construção, existem os impostos e as despesas mensais contínuas associadas com uma nova instalação. Portanto, às vezes a razão para conduzir um evento 5S numa determinada área é liberar espaço suficiente no chão de fábrica para o crescimento da empresa.

A análise do diagrama espaguete pode revelar uma quantidade significativa de movimento e transporte perdidos. Esta análise pode originar ideias de como rearranjar a área de trabalho para o movimento ser mais eficaz. A escolha da área para o evento kaizen 5S pode simplesmente ser desconsiderada devido ao fato do 5S ainda não ter sido posto em prática. Realmente, você pode começar em qualquer parte. Manutenção, P&D, expedição, escritório, uma linha de montagem, uma célula de trabalho com máquinas – isso não importa. O tempo necessário para um evento kaizen 5S depende do espaço no chão de fábrica que a área de trabalho irá ocupar e da quantidade de "coisas" nesse espaço.

Escolher o líder da equipe

Como mencionei no capítulo anterior, o coordenador do kaizen é o candidato perfeito para a liderança da equipe, mas qualquer pessoa com conhecimento de 5S é suficiente para liderar um evento kaizen 5S. Você pode escolher o supervisor de área, um engenheiro ou um operador principal; seja quem for, essa pessoa deve ser treinada em 5S e, em condições ideais, ter visto esta filosofia implementada em algum lugar.

Escolher provisoriamente os membros da equipe

Como em qualquer evento kaizen, é necessário uma equipe multifuncional de empregados para ajudar a fomentar novas ideias e raciocinar de forma "não convencional". Sempre tenha na equipe pessoas que trabalhem na área escolhida, especialmente trabalhadores da produção. Você também pode incluir administradores, engenheiros, supervisores, trabalhadores da linha de produção, pessoal de manutenção e operadores de empilhadeira. A comissão gestora do evento kaizen, que é responsável por selecionar as pessoas com o perfil correto, escolherá esta equipe durante a reunião mensal do evento kaizen. Esta lista é provisória até que a participação do membro da equipe possa ser verificada no que diz respeito ao período de férias, pouca carga de trabalho, responsabilidade familiar (dependendo do turno trabalhado) e outras atividades que estejam acontecendo no prédio.

Estabelecer as metas

Cada evento kaizen é projetado para melhorar a área de trabalho e a empresa, além de reduzir os desperdícios. O 5S é uma ferramenta poderosa que possui a capacidade de reduzir os sete desperdícios, bem como melhorar a produtividade, diminuir o espaço no chão de fábrica e a distância a ser percorrida pelo produto, além de melhorar a qualidade. Às vezes é difícil quantificar os resultados após uma implementação do 5S. Não tenho dúvidas de que, se a equipe fizer o seu trabalho corretamente, haverá ganhos importantes após o 5S. As metas para um evento kaizen 5S podem ser a redução do espaço ocupado no chão de fábrica, a diminuição da distância a ser percorrida pelo produto e os ganhos de produtividade. A mais comum é a diminuição do espaço ocupado.

Gastos e suprimentos do evento

Para iniciar o programa 5S, precisa ser construída uma caixa de suprimentos do evento kaizen e devem ser providenciados suprimentos como fita adesiva para o chão, etiquetadores, chapas para estampar, trenas etc. Com isso, os custos iniciais do seu primeiro evento serão maiores do que os dos eventos subsequentes. A maior parte do dinheiro investido num evento kaizen 5S se destina a estocar suprimentos de 5S e, talvez, materiais de construção diversos, tais como tubos de metal de uma polegada, quadro provido de furos e pinos, além de outros itens.

Atualizar o sistema de comunicação do kaizen

Uma vez agendado o evento, o coordenador ou qualquer outra pessoa responsável deve atualizar os quadros de comunicação e o boletim informativo do kaizen para que todas as pessoas saibam do evento.

Identificar o local de reunião da equipe de kaizen

Uma equipe de 5S precisará de um lugar perto da área de trabalho escolhida onde alguns *laptops*, uma impressora e os itens pessoais dos membros da equipe possam ser colocados. Noventa por cento do trabalho da equipe será feito na área de trabalho escolhida como foco do evento, mas a equipe também vai precisar de um local para criar etiquetas grandes e armazenar itens pessoais como garrafas, alimentos etc.

Agendar o auxílio externo

Se a sua organização tiver várias fábricas e se for o primeiro evento kaizen 5S de toda a corporação, então convide os empregados das fábricas irmãs para assistirem ou participarem dos procedimentos. Eles podem assimilar informações valiosas a partir do evento, as quais eles podem começar a aplicar em suas respectivas instalações. Esta será uma abordagem inteligente se você estiver tentando padronizar o programa de 5S em várias fábricas. Também é bom incluir pessoas de vendas, fornecedores e clientes em algum momento durante os eventos kaizen.

DUAS SEMANAS ANTES DE COMEÇAR

Concluir a seleção dos membros da equipe de kaizen

Naturalmente, esta é uma orientação para todos os eventos kaizen; um evento 5S não é diferente. Verifique se está confirmada a participação de todos os membros da equipe escolhidos. Se houverem mudanças, faça agora as substituições apropriadas.

Atualizar os suprimentos e os recursos externos

Com duas semanas de antecedência, os suprimentos de 5S que serão usados durante a implementação também devem estar providenciados. Certifique-se de que todos os suprimentos necessários estejam a caminho ou que já tenham chegado. Determinados suprimentos serão providenciados durante o evento, mas é bom verificar neste ponto tudo o que foi providenciado. Também é bom confirmar a participação daqueles que não trabalham na fábrica e que estão vindo para o evento, especialmente se estiverem incluídos na lista final de membros da equipe. Passagens aéreas, hotéis e aluguéis de carro devem ser providenciados neste ponto.

Pedir aos membros da equipe para percorrerem a área escolhida

Peça à equipe final de 5S para passar um tempo na área de trabalho escolhida. Se eles tiverem sido treinados em 5S e todas as suas técnicas de implementação, eles enxergarão oportunidades de melhoria. Este acompanhamento pode não ser necessário se a fábrica for pequena. Porém, algumas empresas são grandes e é sempre bom permitir que as equipes passem um tempo ali conforme o evento se aproximar.

UMA SEMANA ANTES DE COMEÇAR

Obter informações sobre a condição atual

A maioria das tarefas de pré-planejamento mais complexas deve estar próxima da conclusão cerca de uma semana antes do início do evento. Faltando uma semana para começar, o coordenador do kaizen deve obter algumas informações vitais sobre a área de trabalho escolhida para a implementação do 5S. A maioria dos eventos kaizen exigirá alguma informação sobre a condição atual de uso do espaço no chão de fábrica, distância percorrida pelo produto, produtividade, qualidade e níveis de estoque. Uma vez que as melhorias tenham sido feitas e que os funcionários tenham trabalhado dentro de um novo ambiente 5S, esses indicadores-chave do chão de fábrica devem ser positivamente afetados. Disponibilize as informações da condição atual para a equipe no primeiro dia do evento kaizen.

Reunir-se com os membros da equipe de kaizen

Esta reunião é agendada pelo líder da equipe do evento e/ou pelo coordenador do kaizen. É uma reunião formal para permitir que os membros de equipe se encontrem, caso ainda não se conheçam. Também é uma oportunidade para o líder da equipe discutir as metas da equipe de acordo com o que foi delineado pela comissão gestora do evento kaizen e abordar quaisquer outras informações relevantes em relação ao projeto.

    O líder da equipe pode discutir que tipos de preparações foram feitas para garantir que a equipe terá tempo, recursos e suprimentos necessários para cumprir suas metas e objetivos. Deve-se permitir que os membros da equipe façam perguntas e deem retorno sobre quaisquer observações que tenham feito antes do evento kaizen.

Colocar todos os suprimentos na sala de reuniões da equipe

Esta tarefa em particular deve ser feita realmente no dia anterior ao início do evento. Se o evento kaizen for começar na segunda-feira, o líder da equipe e o coordenador do kaizen devem colocar todos os suprimentos apropriados, equipamentos, caixa de suprimentos do evento kaizen e outras ferramentas diversas na área escolhida pela equipe na sexta-feira anterior. Impressoras, etiquetadores e até mesmo *laptops* também podem ser colocados e disponibilizados um dia antes do começo do evento.

Reunir-se com o gerente da fábrica ou geral

Também é bom que o líder da equipe e o gerente da fábrica se reúnam logo antes do evento. O líder da equipe confirma que o evento kaizen está "pronto para começar" e pode discutir junto com o gerente da fábrica quaisquer preparações finais. Não é o momento de dizer ao gerente da fábrica que o evento vai ser cancelado por qualquer motivo. A necessidade de um cancelamento deve estar evidente bem antes desta reunião, mas, se não estiver, significa que o planejamento falhou no intervalo entre a quarta e a segunda semanas anteriores ao evento. Os eventos geralmente são cancelados porque os itens de pré-planejamento não foram concluídos.

HORA DE COMEÇAR!

A meta final de qualquer equipe 5S é conseguir que a área escolhida fique "em conformidade com o 5S" ao final do evento kaizen. Essencialmente, isto significa que cada item exigido para realizar o trabalho na área escolhida tem o seu lugar e o item e sua localização estão claramente marcados. É importante completar cada S na implementação antes de passar para o próximo – ou pelo menos fazer o máximo possível.

Primeiro dia: classificar

O líder da equipe deve dividir a equipe em duas subequipes para iniciar a parte de classificação do 5S. Durante a fase de classificação, todos os itens considerados desnecessários devem ser removidos da área de trabalho, bem como os itens questionáveis. Os itens questionáveis são aqueles usados com pouca frequência, ao contrário das necessidades diárias. A equipe precisa decidir qual será a localização dos itens usados com pouca frequência. As duas subequipes são:

- Equipe de classificação
- Equipe de coleta

Equipe de classificação

A equipe de classificação é responsável por fazer a triagem nas estações de trabalho visando identificar todas as ferramentas, suprimentos, mesas, latas de lixo etc desnecessários. É melhor utilizar os trabalhadores da produção que foram escolhidos para participar da equipe de classificação. O conhecimento detalhado das estações de trabalho pode ajudar os outros membros da equipe. Reúna um trabalhador da produção com alguém que não trabalhe na área. Isso permite um olhar externo que atue como "advogado do diabo" e que questione os itens nas estações de trabalho.

Para conduzir a atividade de classificação, a equipe deve usar o que se conhece como *campanha da etiqueta vermelha*. Uma campanha da etiqueta vermelha é uma abordagem organizada para a classificação; ela permite que muitas pessoas estejam envolvidas no processo de classificação e faz com que os itens tirados das estações de trabalho se mantenham organizados. Existem três partes de uma campanha da etiqueta vermelha bem-sucedida.

- Etiquetas vermelhas
- Área de etiquetas vermelhas
- Procedimento de remoção das etiquetas vermelhas

As etiquetas vermelhas são indicadores visuais de que uma equipe de kaizen "etiquetou" um item e o considerou desnecessário para realizar o trabalho na estação. Ela é literalmente uma etiqueta de cor vermelha. A equipe de classificação coloca essas etiquetas nos itens, remove-os e os traz para a área de etiquetas vermelhas para uma avaliação posterior. A Figura 5-1 mostra um exemplo de etiqueta vermelha.

Durante os eventos kaizen, devem ser tomadas decisões rápidas na fase de classificação porque o trabalho principal é feito durante a segunda fase. Classificar. Este pode ser um momento sentimental para os membros da equipe, já que as pessoas se apegam muito aos seus pertences de trabalho. Durante um evento de cinco dias, a classificação/etiquetagem precisa ser concluída até o final do primeiro dia para garantir que a área esteja em conformidade com o 5S no final da semana. Qualquer coisa pode ser removida durante a campanha da etiqueta vermelha. Os possíveis itens são:

- Ferramentas pneumáticas
- Ferramentas manuais (chaves em geral, chaves de fenda, conjuntos de bocais etc.)
- Bancadas de trabalho
- Luzes
- Gabaritos
- Latas de lixo
- Cadeiras
- Documentação
- Armários e estantes
- Componentes e materiais

Etiqueta vermelha do 5S

Nome _____ Data _____
Evento de kaizen _____
Estação/área _____

Circunde uma das opções
Trabalho em andamento
Matéria-prima
Produtos acabados
Documentação
Ferramentas e gabaritos
Ferramentas e gabaritos do cliente
Equipamento de escritório ou de informática
Material de armazenamento
Desconhecido
Outros

Número do componente: _____

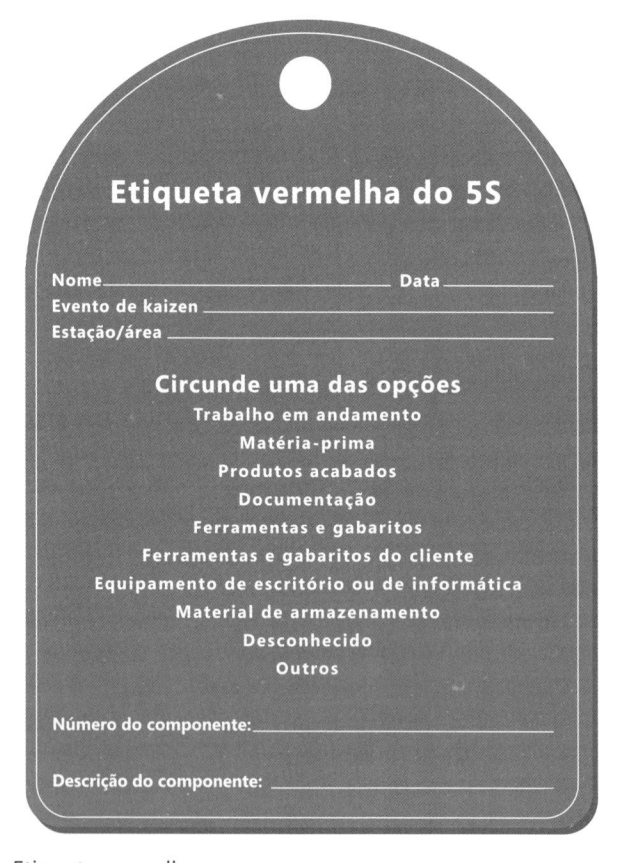

Descrição do componente: _____

Figura 5-1 Etiqueta vermelha.

A lista pode prosseguir indefinidamente. Armários, cômodas e caixas de ferramentas devem ser completamente esvaziados e os itens devem ser classificados para identificar apenas o principal. Sempre comece pelos itens pequenos. Estou falando sério a respeito de classificar coisas como canetas, lápis e chaves extras. Mesmo parecendo insano, uma coleção desses pequenos itens requer armazenamento de porte médio como caixas, organizadores, prateleiras e mesas. Os itens de tamanho médio requerem armazenamento de grande porte, tais como bancadas de trabalho, armários, caixas de ferramentas e *racks*. Os itens grandes demandam espaço no chão de fábrica e, por fim, o espaço no chão de fábrica demanda prédios e instalações. Percebe aonde quero chegar?

Com mencionei, uma das metas principais de uma equipe 5S é liberar espaço no chão de fábrica, usar melhor esse espaço para diminuir o desperdício de movimento e de transporte. Partindo de uma perspectiva de crescimento, a liberação do espaço no chão de fábrica é essencial para o acréscimo de novas linhas de produto e de produtos, evitando aumentar as instalações e incorrer em mais custos.

Coloque as etiquetas vermelhas em todos os itens retirados das estações de trabalho, preencha as informações apropriadas e coloque os itens na área de etiquetas vermelhas.

Equipe de coleta

A equipe de coleta é requisitada a estar na área de etiquetas vermelhas, a qual é uma área de depósito temporário para os itens classificados. Neste ponto do processo, nada saiu do prédio; ainda é cedo demais para isso acontecer. A equipe de coleta recebe tudo o que chegar na área de etiquetas vermelhas e organiza as coisas com base nas informações escritas na etiqueta vermelha.

Área de etiquetas vermelhas

A área de etiquetas vermelhas deve ser demarcada com fita vermelha e um painel suspenso para identificá-la claramente. A equipe de coleta deve fazer um inventário dos itens levados para lá, de modo que toda a equipe possa decidir o destino de cada item. A lista de inventário fornece uma noção da quantidade de dinheiro atrelado a suprimentos, ferramentas, chaves etc desnecessárias.

A maior parte do primeiro dia será gasta na classificação e a equipe deve se concentrar na sua conclusão até o final do dia. Durante o almoço, o líder da equipe precisa se atualizar em relação ao progresso de cada subequipe e fornecer suporte, incluindo a mudança de pessoas entre as equipes, se necessário. Um dos atributos fundamentais de um bom líder de equipe de kaizen é a capacidade de avaliar o progresso e assegurar que os membros da equipe estejam trabalhando nos itens corretos na hora certa.

Em condições ideais, ao final do primeiro dia a equipe deve estar a ponto de começar a pensar no próximo S da implementação do 5S. O segundo S é organizar. Uma das melhores preparações para Organizar é limpar totalmente a área de trabalho, de modo que o espaço atual no chão de fábrica fique vazio, tornando mais fácil enxergar o espaço disponível. Isso permite que a equipe monte a área de trabalho como quiser de forma a utilizar o espaço do chão de fábrica com mais eficiência. Essa é uma grande oportunidade para os empregados que trabalham na área e que fazem parte da equipe organizarem essa área como bem entenderem. O líder da equipe garante que estão sendo considerados a diminuição do movimento, do transporte e da distância a ser percorrida pelo produto, além do melhor uso do chão de fábrica. A melhor situação após o primeiro dia é ter as estações de trabalho e a área de trabalho completamente classificadas, a área de etiquetas vermelhas organizada e a área de trabalho completamente limpa na preparação para o início do segundo dia: Organizar.

Procedimento de remoção da etiqueta vermelha

Após o primeiro dia, o líder da equipe e/ou o coordenador do kaizen devem começar juntos um procedimento de remoção para o itens da área de etiquetas vermelhas. Esta tarefa não precisa ser concluída durante o evento, mas ao criar este procedimento existem alguns critérios que precisam ser estabelecidos:

- **Prazo**

  Por quanto tempo você pretende manter o seu lixo? Não entre num ciclo vicioso de passá-lo de um lugar para o outro na fábrica. Estabeleça um prazo para a remoção: 30, 45, 60 dias – qualquer coisa. Eu vi algumas áreas de etiquetas vermelhas durarem uma semana. Isso depende dos itens e do tipo de "ligação" que a empresa tem com eles. Se alguma coisa passou a ser considerada desnecessária, livre-se dela.

- **Opções de remoção**
    - Leiloe os itens para os empregados ou simplesmente doe-os.
    - Faça uma "liquidação de garagem".
    - Doe para as organizações filantrópicas locais e para os colegas.
    - Doe os itens para uma organização local de reciclagem.
    - Envie os itens para uma fábrica do grupo.
    - Em último caso, jogue-os no lixo.

Livre-se das coisas e vá em frente!

Segundo e terceiro dias: organizar e limpar

Como foi mencionado, certifique-se de que todas as atividades de classificação tenham sido concluídas de modo que a equipe possa ver o que falta ser organizado. A fase de Organizar é a mais demorada e muitas vezes pode ser a mais tediosa de todo o trabalho. As metas dessa fase são organizar a área para que tudo tenha o seu lugar e melhorar o fluxo de material/produtos/bens acabados que entra e sai. Ainda mais importante é a necessidade de reduzir o uso do espaço no chão de fábrica e a distância a ser percorrida pelo produto. Realmente não importa se você estiver trabalhando em uma linha de montagem, uma célula de trabalho com máquinas e equipamentos ou um departamento de expedição – você pode aplicar a fase de Organizar em todos eles.

Sempre entre no segundo S com a mentalidade de tornar tudo visível e acessível. Liberar espaço no chão de fábrica e nas superfícies de trabalho é primordial para qualquer implementação de 5S. Sempre digo aos meus clientes para "verticalizarem" e utilizarem o espaço morto. Há espaço morto em todos os lugares. As empresas acham que as superfícies planas são necessárias para armazenar e abrigar suprimentos e ferramentas. Muitas vezes as bancadas e as mesas são trazidas para uma área de trabalho para abrigar coisas. Mas, quase tudo pode ser guardado na vertical, em pranchas de ferramentas e suprimentos, usando um mínimo de criatividade. Recomendo que você evite ao máximo o uso de armários, gavetas e prateleiras. Também sei que algumas coisas como dispositivos de calibração precisam estar em um armário com portas, mas o problema com as portas e gavetas é que elas escondem as coisas e os itens desnecessários irão se acumular com muita rapidez.

Antes de você entrar nos detalhes mais precisos da fase de Organizar, comece pelos itens do chão de fábrica. Decida que superfícies são necessárias nas estações de trabalho e nas áreas a serem utilizadas para o trabalho atual. Sempre avalie o tamanho realmente necessário para realizar a tarefa em mãos. A equipe deve sugerir alguns projetos de leiaute para que se escolha um. Uma vez decidido quais serão os fluxos de materiais e componentes, eles podem começar a montar o processo. Comece pelos itens grandes:

- Superfícies de trabalho: bancadas, transportadores, mesas etc.
- Latas de lixo: identifique a quantidade mínima necessária, mas leve em conta também o ponto em que são utilizadas para reduzir a movimentação.
- Locais de depósito temporário para os materiais, componentes e produtos que entram e saem.
- Itens diversos: aspiradores de pó, máquinas de soldagem e equipamentos e máquinas com características especiais.

Quaisquer itens que ficarão no chão de fábrica devem ser os primeiros a serem colocados na área de trabalho. Nada é verdadeiramente permanente neste ponto, então não comece a marcar o chão com designações e identificações; tente tomar algumas decisões provisórias a respeito do posicionamento.

Esta etapa da fase de Organizar pode consumir parte ou até mesmo todo o segundo dia. Uma vez que a equipe tenha decidido sobre as localizações dos itens no chão de fábrica, ela deve expor todas as ferramentas, suprimentos e diversos itens relativos às estações de trabalho necessários para se ter uma noção do que precisa ser organizado. Ao entrar na fase de Organizar com a mentalidade de verticalização e evitando as superfícies planas, você desafia a equipe a ter criatividade e propor inovações para a organização das coisas. Apenas em último caso a equipe deve trazer um armário, estante ou caixa de ferramentas. A chave para o 5S é a visibilidade e os armários não permitem ver onde estão as coisas e o que está faltando.

Prepare já a caixa de suprimentos do evento kaizen, a placa perfurada, a tinta, os suprimentos de limpeza e quaisquer outros suprimentos. As fases de Organizar e de Limpar podem ser realizadas simultaneamente. Sempre pinte onde for possível para criar uma aparência de sala de exposição. A limpeza pode ser ampla; a pintura das bancadas, prateleiras, suportes metálicos etc pode fazer com que a área pareça bem limpa.

Uma vez colocados os itens no chão de fábrica, é hora de dar designações ou "endereços" para os itens que abrigarão suprimentos, ferramentas, componentes etc. Usando fita adesiva no chão, faça um contorno em volta dos itens para identificar a sua localização. A melhor forma é marcar os itens que podem ser deslocados. Os itens aparafusados no chão ou as bancadas de trabalho pesadas que não irão se mover não precisam de fita, mas todo o resto deve ser marcado com fita. Concluída a aplicação da fita, crie as designações/endereços. A Figura 5-2 exibe uma visão de topo de uma possível aparência da área, com a identificação marcada no chão.

Como você pode ver, existe um contorno claro dos itens no chão. A equipe de kaizen deve colocar etiquetas ou estêncil no chão para descrever o endereço. Neste exemplo, são usados A1 e A2. A1 e A2 são localizações para itens importantes relacionados ao trabalho e que são necessários para a estação de trabalho. Qualquer coisa que venha a ficar ali, esta será a sua localização. Logo, se uma calculadora, ferramenta ou caixa cheia de materiais ficar em A1, o item também é fisicamente marcado como "A1."

Se esses itens, por qualquer motivo, não voltarem para os seus locais, qualquer pessoa que perceber que eles estão fora do lugar pode achar rapidamente o seu local original. Esta abordagem de "endereçamento" é extremamente poderosa na economia de tempo e na redução do movimento e da confusão, e pode ajudar a diminuir a compra e a reposição de ferramentas e

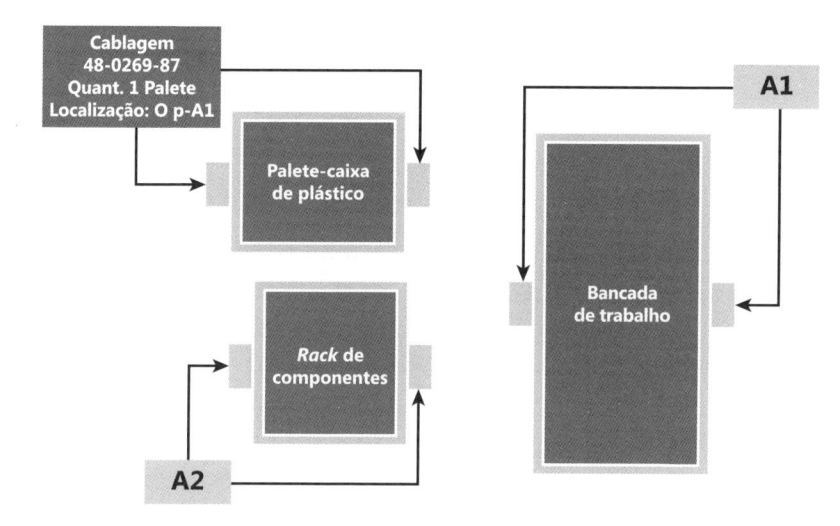

Figura 5-2 Identificação no chão.

suprimentos. Também é importante colocar as designações penduradas no alto para que possam ser vistas à distância e não apenas no chão.

Quadros de ferramentas

As ferramentas devem ser colocadas verticalmente em quadros de ferramentas visíveis e acessíveis. Chamadas muitas vezes *quadros sombreados*, esses quadros mantêm as ferramentas fora das superfícies de trabalho e permitem que os operadores as vejam. Você pode ser muito criativo com esses quadros de ferramentas. A Figura 5-3 é um exemplo de um deles.

Seguem algumas dicas para fazer um quadro de ferramentas.

1. Pinte o quadro: use qualquer cor; já vi quadros em vermelho, amarelo, preto, azul, verde e laranja. O líder da equipe deve escolher alguns membros da equipe para começar a pintar os quadros no início do segundo dia para que tenham tempo de secar antes de serem utilizados.

2. Arrume as ferramentas: quando os quadros estiverem secos, deite-os no chão ou em outra superfície plana e arrume as ferramentas e suprimentos sobre eles. Eu digo tudo: ferramentas, fita, tesoura, calculadoras, pranchetas etc. A sua caixa de suprimentos deve ter pinos, fita dupla-face, fita Velcro e outras coisas que possam ser usadas para segurar os itens verticalmente. Você está fazendo basicamente uma modelagem do quadro de ferramentas para identificar a superfície exata necessária para segurar os suprimentos da estação de trabalho.

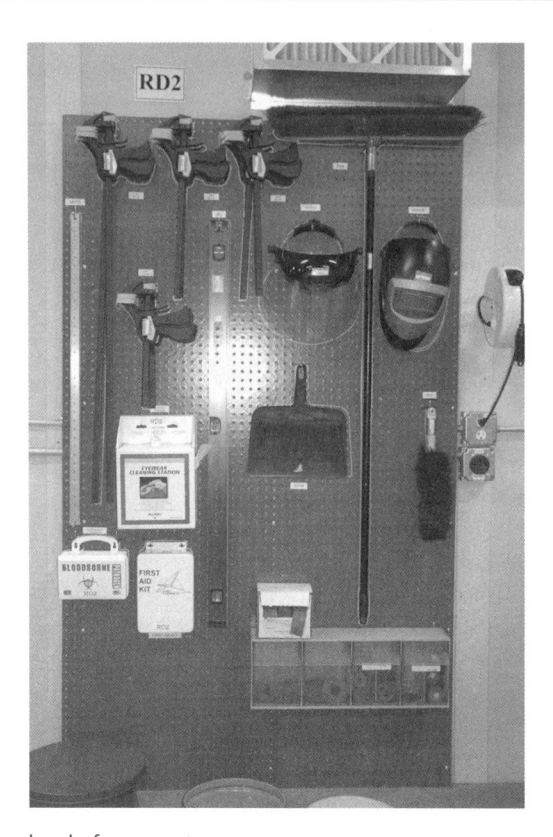

Figura 5-3 Quadro de ferramentas.

3. Corte a placa: agora, remova as ferramentas e recorte a placa, obtendo um quadro de ferramentas para a estação de trabalho.
4. Instale o quadro de ferramentas: se o quadro tiver que ficar pendurado em uma parede, use um barrote de 1x1 polegada ou outro tipo de moldura para segurá-lo. Os pinos que serão usados para segurar os itens precisam de folga atrás do quadro para ficarem firmes no lugar. Os quadros de ferramentas podem ser levados a qualquer lugar. Já os vi instalados ao lado das bancadas de trabalho e armários (se houverem armários) e em suportes (com rodinhas). Contanto que a localização seja acessível no local de utilização e que não atrapalhe o operador, ela está correta.
5. Pendure os itens: agora, os membros da equipe podem pendurar e organizar as ferramentas e suprimentos no quadro de ferramentas. Deixe espaço para etiquetas entre os itens e espaço suficiente para desenhar uma sombra ou contorno para cada um deles. Este processo é relativamente

lento, porém fundamental para qualquer implementação de 5S. Depois de colocar as ferramentas no quadro, use as canetas de pintura, que devem estar na caixa de suprimentos do evento, para contornar cada ferramenta no quadro. Quando a ferramenta estiver fora do quadro porque está sendo utilizada ou perdida, esses contornos evidenciarão a ausência. Em seguida, faça uma etiqueta com o nome da ferramenta e coloque-a perto da sua localização no quadro.

6. O último passo é designar a localização das ferramentas como B5, J7 ou L3. Este "endereço" deve estar fisicamente gravado na ferramenta, assim como a etiqueta, de forma que as pessoas possam saber a que lugar ela pertence. A Figura 5-3 é um bom exemplo de quadro de ferramentas construído com base nessas seis orientações simples.

Componentes, materiais e suprimentos

A equipe de kaizen deve continuar a organizar todos os itens restantes. Sempre pense em diminuir as necessidades especiais. Use caixas quadradas para organizar os itens que não podem ficar verticalmente nos quadros. Quando colocar qualquer coisa numa superfície plana, marque a área, geralmente usando fita colorida estreita. Todos os itens devem ser marcados com a sua localização original, devendo ser colocada uma etiqueta na superfície plana identificando o que fica ali. Tudo – *tudo* – tem o seu lugar.

Num evento kaizen tradicional com cinco dias de duração, a parte de Organizar/Limpar levará cerca de dois dias, com algumas horas a mais ou a menos. Também pode ocorrer algum tipo de classificação diversa. A equipe começará a perceber o valor da redução das superfícies horizontais e a usar o mínimo de espaço, além de questionar tudo à medida que avançar.

Quarto dia: padronizar

O quarto dia é dedicado ao ajuste fino e a assegurar que a equipe esteja concluindo todas as etapas de maneira consistente. Por exemplo, todas as ferramentas devem estar penduradas verticalmente nos quadros, as partes traseiras devem estar pintadas, deve haver um contorno para cada ferramenta e tanto as ferramentas quanto o quadro devem estar etiquetados apropriadamente. As ferramentas em cada quadro podem ser diferentes, mas a aparência geral é a mesma. Além disso, todos os itens no chão de fábrica devem estar claramente marcados com uma localização e identificados com seus nomes. O uso das fitas no chão deve ser consistente. Talvez o amarelo seja usado para advertir, o preto para os produtos acabados e o vermelho para os itens na estação de trabalho. Tente padronizar a sua proposta.

O líder da equipe deve começar a preparar a apresentação de prestação de contas a ser apresentada para a empresa visando enumerar as realizações da equipe. A apresentação consiste nos seguintes itens e será apresentada no quinto dia:

- Foto da equipe.
- Fotos da situação "anterior" de cada área.
- Lista dos nomes e cargos dos membros da equipe.
- Metas e objetivos: diminuição do espaço no chão de fábrica, distância a ser percorrida pelo produto, movimento etc.
- Fotos da situação "depois".
- Realizações individuais dos membros da equipe.
- Lições aprendidas.
- Lista de itens de ação: itens inacabados a serem concluídos em 30 dias.

Quinto dia

Tente marcar a apresentação de prestação de contas para um horário em que muitas pessoas possam comparecer. No quinto dia, o líder da equipe conclui a apresentação e pode tirar as últimas fotografias da área a ser usada. Os membros da equipe podem utilizar esse tempo para limpar a área, concluir qualquer etiquetagem ou outros itens de 5S e montar uma lista de itens de ação de qualquer coisa que ainda não tenha sido feita.

Esta lista de itens de ação, ou mandato de 30 dias, enumera quais são as tarefas inacabadas, quem é responsável por sua conclusão e o prazo para a conclusão. As empresas que se esforçam para ver as coisas por meio da realização usam este mandato como uma oportunidade de ensinar o seu pessoal a acompanhar por meio das tarefas. Concluir as tarefas nesta lista é vital para o sucesso da equipe e daqueles que passarão a trabalhar em uma nova área.

Depois da apresentação para a empresa, a equipe deve convidar os participantes a comparecerem à área de trabalho, que agora tem um novo aspecto. Uma visita orientada ao chão de fábrica ajuda as pessoas a enxergarem o elemento tangível da produção enxuta e lhes permite fazer perguntas e comentários baseados no que veem. Explique a importância desta organização e como ela beneficia o empregado. Parabenize a equipe por suas realizações e vá descansar.

EVENTOS 5S DE MANUTENÇÃO

Os departamentos de manutenção são candidatos perfeitos para implementações e práticas de 5S. Muitas vezes esses departamentos empregam várias pessoas fazendo diversos reparos, manutenção preventiva e projetos especiais. Sua área de trabalho é um espaço comunitário onde as ferramentas e suprimentos são compartilhados. É muito perigoso compartilhar ferramentas e suprimentos numa linha de montagem onde existam estações de trabalho definidas. Isso proporciona muito desperdício de movimento, a chance de perder ferramentas e a perda de produção e concentração. O trabalho nesses tipos de processo de fabricação é claramente delimitado e as estações de trabalho devem ter exatamente o necessário para realizar o trabalho.

Os departamentos de manutenção não funcionam sob essas orientações. Embora haja cronogramas definidos para a manutenção preventiva realizada regularmente, ainda há muito trabalho inconsistente e projetos especiais. A minha opinião é que quase sempre se faz necessário ter ferramentas ou suprimentos em dobro quando esses são compartilhados. Este tipo de ambiente está maduro para o 5S.

A implementação do 5S por meio de um evento kaizen agendado é similar ao que seria feito numa linha de montagem ou outra parte do processo de produção. O 5S pode ser implementado fora dos eventos kaizen; a implementação é mais lenta, porém o resultado é o mesmo. Permita-me descrever um evento kaizen 5S para um departamento de manutenção.

Como em qualquer outro evento, certifique-se de seguir as orientações de preparação que foram delineadas no início deste capítulo: os requisitos de quatro semanas, duas semanas e uma semana. A única diferença verdadeira é que habitualmente eu aconselho os meus clientes a fazerem a classificação um pouco mais cedo, cerca de uma semana antes do evento. Comumente, a manutenção se transforma com o passar do tempo na área de depósito para as coisas e o pessoal da manutenção gosta de se preparar para as situações do tipo "e se...". Esses "e se..." quase nunca se materializam e os itens inutilizados apenas se acumulam.

Num evento típico de cinco dias, a maioria das equipes deve ter o primeiro dia dedicado à classificação, mas eu recomendo que o departamento de manutenção comece essa atividade mais cedo, estando plenamente consciente de que a equipe de kaizen fará mais coisas no primeiro dia do evento.

Primeiro dia: classificar

O líder da equipe deve dividi-la em duas subequipes, como foi descrito neste capítulo. Uma equipe coloca as etiquetas vermelhas nos itens que estão sendo removidos e a outra equipe coloca os itens na área das etiquetas vermelhas. A criação de uma lista de inventário para esse tipo de evento 5S é fundamental porque muitos itens caros podem ser eliminados. A remoção final dos itens da área das etiquetas vermelhas pode demorar mais; pode levar mais tempo apenas para decidir o que fazer. Não tenha medo de remover aquela prensa de US$ 10 mil se não estiver mais sendo usada. Isso pode ser muito difícil para as pessoas devido ao seu valor monetário, mas se não for utilizada, elimine-a. O espaço que ela ocupava pode ser usado por equipamentos usados frequentemente ou apenas para ter mais espaço de trabalho.

Os departamentos de manutenção precisam de espaço para trabalhar nos projetos, então o atual uso do espaço precisa ser desafiado. Já vi eventos kaizen 5S na manutenção que foram tão bem-sucedidos que dois departamentos diferentes foram consolidados em um. Classifique, classifique, classifique!

Segundo e terceiro dias: organizar e limpar

Vamos começar a loucura. O trabalho da equipe de kaizen aqui também é o de criar as condições de uma sala de exposições e, muitas vezes, não é suficiente limpar o departamento de manutenção. Quase sempre existem muitos suportes, equipamentos, bancadas de trabalho e outros itens feitos de tubos de aço e metal. Saia pintando e eu recomendo cores vivas como o amarelo, tons de vermelho e azuis claros. Eu me lembro de um evento kaizen onde tudo o que a equipe fez foi classificar e pintar. Sem rearrumar totalmente a área eles incorreram num aumento de 10% na produtividade e no resultado. As áreas claras e bem iluminadas geram um desempenho melhor. Entre em qualquer academia de ginástica e você perceberá o que eu quero dizer.

Os departamentos de manutenção adoram suas caixas de ferramentas e armários. Como em qualquer evento 5S, a meta é a visibilidade, logo, garanto que haverá alguma busca de almas aqui. Esvazie todas as caixas de ferramentas e armários depois de classificar e ter uma ideia da quantidade de quadros de ferramentas que serão necessários e dos itens que podem ser simplesmente pendurados. Esses armários e caixas de ferramentas escondem coisas, juntam lixo e são geradores de triagem e pesquisa adicionais.

Todas as ferramentas devem estar visíveis e penduradas verticalmente para economizar espaço. Entretanto, se houverem dispositivos delicados de testagem e medição que precisem ficar atrás das portas para proteção, então deixe assim. Tudo mais deve estar visível. Comece a construir os quadros de ferramentas como foi descrito neste capítulo.

Enquanto alguns membros da equipe estiverem montando os quadros de ferramentas, outros membros da equipe podem limpar e pintar os equipamentos e reorganizar as prateleiras que podem ser necessárias para segurar itens grandes e volumosos como serras, furadeiras e aquecedores – itens maiores que não podem ser pendurados verticalmente. O fundamental aqui é a ausência de portas.

Quando organizar itens que fiquem em uma ou mais prateleiras, faça com que a equipe crie nichos quadrados para maximizar o espaço na estante. Muitas vezes existe muito espaço morto entre as prateleiras. Maximize este espaço criando subprateleiras e você terá uma quantidade adicional de espaço. Classificar inclui substituir as mesas e áreas de armazenagem desnecessariamente grandes por tamanhos mais inteligentes para o uso que se pretende dar.

Assim como na maioria dos eventos de cinco dias, as fases de Limpar e Organizar tomarão pelo menos dois dias e podem até mesmo entrar pelo quarto dia.

Quarto dia: continuar

Esta é a melhor maneira de dizer. Continue etiquetando, pintando, marcando o chão e criando locais específicos. A equipe pode querer usar tinta spray e estêncil para marcar as localizações no chão, já que muitos departamentos de manutenção podem ser ambientes sujos. Pode haver bastante soldagem, poeira, óleo, resíduos e materiais perigosos, então os rótulos laminados no chão podem não funcionar.

Quinto dia

Gaste o último dia do evento completando toda a etiquetagem não terminada e comece a limpar. Como foi mencionado, prepare uma apresentação de prestação de contas sobre o trabalho e faça uma visita orientada na área.

DICAS DE MANUTENÇÃO DO 5S

Minhas últimas recomendações nesta breve explanação de um evento 5S para a manutenção são orientações que você pode incorporar ao departamento para melhorar o seu desempenho. Exatamente como manter qualquer coisa nova numa cultura, é difícil manter o programa 5S. Seus esforços de manutenção nunca vão terminar, incluindo a melhoria permanente do que já foi implementado, mas cada empresa deve encontrar um meio de fazê-lo. Seguem algumas recomendações:

- Criar um procedimento de limpeza para o final do dia.
- Fazer uma inspeção diária por turno.
- Estabelecer uma planilha de auditoria do 5S.
- Criar e manter uma planilha de acompanhamento do 5S.
- Elaborar um programa de incentivos do 5S.

Criar um procedimento de limpeza para o final do dia

Para cada área, monte uma lista de tarefas que os trabalhadores devem completar aproximadamente 15 minutos antes de irem embora. Este procedimento de limpeza vai além de simplesmente varrer o chão e jogar fora o lixo. Alguns itens possíveis que podem ser adicionados ao procedimento são:

- Esvaziar todas as latas de lixo e de material reciclável.
- Varrer a área de trabalho.
- Devolver as ferramentas aos seus locais designados.
- Devolver os suprimentos aos seus locais designados.
- Devolver as paleteiras, latas de lixo, cadeiras e carrinhos de mão aos seus locais designados.

Recomendo que você divulgue esses procedimentos e que dê tempo aos operadores para fazerem a limpeza visando manter as melhorias feitas.

Fazer uma inspeção diária por turno

Cada supervisor de área deve tirar cinco minutos após todos terem ido embora para percorrer a área de trabalho e verificar se a limpeza do final do dia foi concluída e se todos os itens foram devolvidos aos seus locais de origem designados. Se a sua empresa implementar o 5S de forma detalhada como descrito neste capítulo, essa inspeção do supervisor deve ser rápida. Quaisquer pequenos desvios do 5S podem ser resolvidos rapidamente durante essa inspeção.

Estabelecer uma planilha de auditoria do 5S

Se você ainda estiver buscando mais ideias ou uma maneira melhor de manter o 5S, então você pode incorporar uma auditoria semanal ou mensal do 5S. Elabore uma planilha de auditoria do 5S com informações similares ao procedimento de limpeza. A Figura 5-4 é um exemplo de planilha de auditoria de 5S potencial que pode ser utilizada.

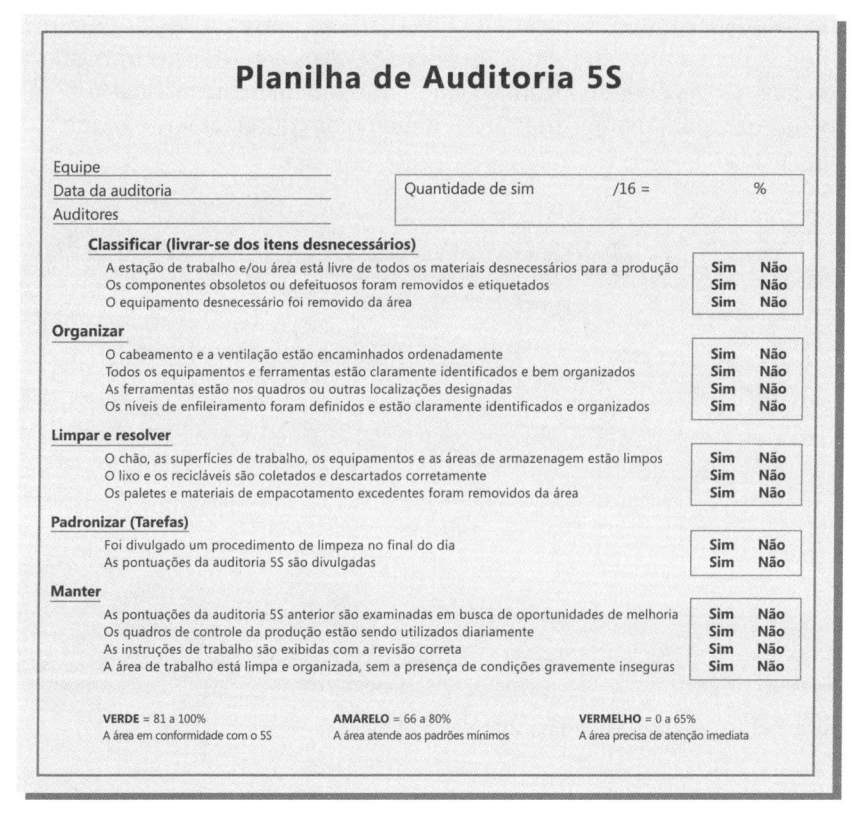

Planilha de Auditoria 5S

Equipe
Data da auditoria   Quantidade de sim   /16 =   %
Auditores

Classificar (livrar-se dos itens desnecessários)
A estação de trabalho e/ou área está livre de todos os materiais desnecessários para a produção	Sim Não
Os componentes obsoletos ou defeituosos foram removidos e etiquetados	Sim Não
O equipamento desnecessário foi removido da área	Sim Não

Organizar
O cabeamento e a ventilação estão encaminhados ordenadamente	Sim Não
Todos os equipamentos e ferramentas estão claramente identificados e bem organizados	Sim Não
As ferramentas estão nos quadros ou outras localizações designadas	Sim Não
Os níveis de enfileiramento foram definidos e estão claramente identificados e organizados	Sim Não

Limpar e resolver
O chão, as superfícies de trabalho, os equipamentos e as áreas de armazenagem estão limpos	Sim Não
O lixo e os recicláveis são coletados e descartados corretamente	Sim Não
Os paletes e materiais de empacotamento excedentes foram removidos da área	Sim Não

Padronizar (Tarefas)
Foi divulgado um procedimento de limpeza no final do dia	Sim Não
As pontuações da auditoria 5S são divulgadas	Sim Não

Manter
As pontuações da auditoria 5S anterior são examinadas em busca de oportunidades de melhoria	Sim Não
Os quadros de controle da produção estão sendo utilizados diariamente	Sim Não
As instruções de trabalho são exibidas com a revisão correta	Sim Não
A área de trabalho está limpa e organizada, sem a presença de condições gravemente inseguras	Sim Não

VERDE = 81 a 100%   **AMARELO** = 66 a 80%   **VERMELHO** = 0 a 65%
A área em conformidade com o 5S   A área atende aos padrões mínimos   A área precisa de atenção imediata

Figura 5-4 Planilha de Auditoria 5S.

Criar e manter uma planilha de acompanhamento do 5S

Com base nas pontuações apuradas nas auditorias de 5S, exiba os resultados numa planilha de acompanhamento que seja visível para toda a empresa. Isso cria consciência e competição saudável entre as áreas, além de todos poderem ver como a fábrica está se saindo globalmente. A Figura 5-5 é um exemplo simples de uma planilha de acompanhamento 5S. Ela se torna um belo lembrete visual do progresso atingido com o 5S.

Elaborar um programa de incentivos de 5S

A última sugestão é elaborar um programa de incentivos que recompense os trabalhadores e as áreas de trabalho que tenham se mostrado campeões do 5S. Distribua incentivos trimestrais como cartões-presente, festas com pizza ou bônus para a área com as pontuações 5S mais elevadas no trimestre. As áreas que não receberem incentivos mudarão rapidamente e começarão a se esforçar mais para manter suas áreas e melhorar continuamente o que já foi estabelecido.

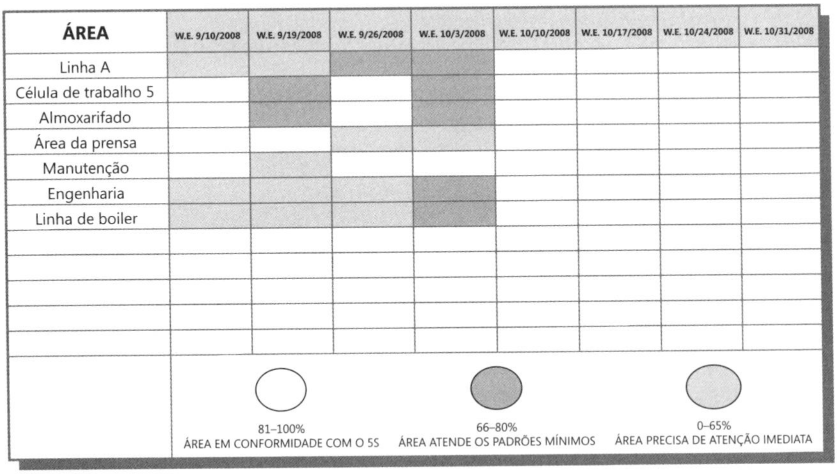

ÁREA	W.E. 9/10/2008	W.E. 9/19/2008	W.E. 9/26/2008	W.E. 10/3/2008	W.E. 10/10/2008	W.E. 10/17/2008	W.E. 10/24/2008	W.E. 10/31/2008
Linha A								
Célula de trabalho 5								
Almoxarifado								
Área da prensa								
Manutenção								
Engenharia								
Linha de boiler								

○ 81–100% ÁREA EM CONFORMIDADE COM O 5S ● 66–80% ÁREA ATENDE OS PADRÕES MÍNIMOS ○ 0–65% ÁREA PRECISA DE ATENÇÃO IMEDIATA

Figura 5-5 Planilha de acompanhamento 5S.

Evento Kaizen de Trabalho Padronizado

6

Um *evento de trabalho padronizado* é um nome comercial para a transformação de uma linha antiga em um processo com fluxo mais contínuo que incorpora o fluxo unitário de peças, o 5S, os novos padrões de trabalho e os padrões de tempo. A preparação para esse tipo de evento kaizen é bem diferente da que é feita para um evento kaizen 5S. Quando estiver se preparando para um evento 5S isolado, a comissão gestora do evento kaizen simplesmente escolhe a área e disponibiliza na mesma os suprimentos a serem colocados na caixa de suprimentos. Na verdade, não é preciso muito mais do que isso. Os eventos de trabalho padronizado requerem planejamento antecipado sólido, incluindo normalmente o cálculo dos seguintes fatores:

- Tempo efetivo
- Exigências de volume
- *Takt time*
- Análise do processo

PRÉ-PLANEJAMENTO

Tempo efetivo

O tempo efetivo* é chamado muitas vezes de *tempo programado*; é a quantidade de horas do dia disponíveis para que os operadores realizem seu trabalho na linha de produção. Segue um exemplo:

No prédio	480 minutos
Início	−10 minutos
Intervalo da manhã	−15 minutos
Intervalo do almoço	−30 minutos
Intervalo da tarde	−15 minutos
Limpeza	−15 minutos

395 minutos ou 6 horas e 35 minutos de tempo efetivo

Qualquer nova linha de montagem ou processo deve ser projetado para atingir o volume e o resultado exigidos com base neste tempo. O tempo efetivo deve ser a medida real da produtividade e do desempenho.

Exigências de volume

É preciso pensar sobre esse número. Usando dados históricos, pedidos confirmados e previsões, a empresa deve determinar o resultado exigido que pode ser obtido em um dia inteiro. Este é o número que será usado para projetar a nova linha de produção. Quando as exigências de volume ficarem abaixo da taxa do projeto em qualquer momento durante o ano, são feitas apenas mudanças na mão de obra e na carga de trabalho, sendo necessárias poucas pessoas para operar a linha.

---

* N. de R. T.: O cálculo de eficiência de uma estação de trabalho, expressa pelo Índice de Rendimento Operacional Global – IROG, deve ser feito considerando se a estação de trabalho é um recurso gargalo ou não no fluxo do sistema produtivo: se ela for um gargalo, o tempo efetivo ou programado para produção a ser considerado para o cálculo da eficiência é o tempo calendário no qual não são admitidas paradas programadas; caso a estação de trabalho não seja um gargalo, o tempo efetivo ou programado para produção considerado para o cálculo da eficiência corresponde ao tempo calendário menos o tempo de paradas programadas (ex: refeição, manutenção preventiva etc.).

Takt time

Takt é uma palavra alemã que significa "ritmo." O *takt time* é o ritmo da linha necessário para atingir a taxa projetada com base nas demandas dos clientes. O cálculo do *takt time* é o seguinte:

$$\frac{\text{Tempo efetivo (turnos trabalhados)}}{\text{Resultado demandado}} = \text{Takt time}$$

$$\frac{395 \text{ minutos (1 turno)}}{20 \text{ unidades}} = 19 \text{ minutos e } 45 \text{ segundos}$$

Basicamente, se for necessária uma linha para produzir 20 unidades por dia em plena capacidade, então uma unidade deve ser concluída a cada 19 minutos e 45 segundos dentro do tempo efetivo disponível. O resultado demandado pode ser qualquer unidade de medição (kg, cm, paletes etc.).

Análise do processo

Encontram-se disponíveis muitas ferramentas diferentes para a análise do processo. Neste capítulo, já que irei descrever uma linha de montagem manual tradicional, serão delineados os estudos de tempo e o equilíbrio da linha.

Estudos de tempo e movimento

Antes que possa ocorrer qualquer projeto ou construção, primeiro você deve escolher a linha de montagem e o produto que serão submetidos aos rigores de um evento kaizen. Segundo, o trabalho associado com a fabricação deste produto precisa ser cronometrado. Os estudos de tempo e movimento são uma exigência absoluta para melhorar as operações de montagem na fábrica e devem ser feitos cerca de três semanas antes do evento. Acredito firmemente na tomada de decisões baseadas em dados; os dados bons e sólidos nunca irão falhar com você.

Tempo é tudo. Os estudos de tempo e movimento são a base de quaisquer melhorias nos processos de fabricação e tem sido um dos primeiros motivos de tropeço para muitas empresas. Geralmente, a alta gestão vê os estudos de tempo como uma tarefa perdida. Eu não concordo. Os estudos de tempo devem estar no topo da sua lista de pré-planejamento, mas eles podem ser difíceis. Muitas fábricas ou não possuem essas informações ou os estudos de tempo foram obtidos de forma incorreta.

A prática tradicional do kaizen é conduzir o estudo de tempo e movimento no primeiro dia do evento kaizen. Geralmente, esses dados são coletados muito rapidamente. Existem uns poucos escolhidos que podem conduzir os estudos de tempo com eficiência. Em condições ideais, deve-se atribuir a tarefa ao coordenador do kaizen ou a um engenheiro industrial. Leva tempo para dominar a arte de coletar dados e com os estudos de tempo não é diferente. Entretanto, para evitar dificuldades, você deve seguir algumas regras simples.

1. Usar um cronômetro.
2. Usar uma planilha de coleta do estudo de tempo.
3. Documentar as tarefas e elementos antes da cronometragem.
4. Registrar cada elemento de tempo do conteúdo do trabalho, com e sem valor agregado, do início ao fim.
5. Envolver os operadores.
6. Realizar os estudos de tempo.
7. Obter pelo menos oito amostras de cada tarefa ou elemento.
8. Cronometrar todo o *mix* de produtos.
9. Descartar o maior e o menor tempo e calcular uma média.

Usar um cronômetro

Quem estuda o tempo obviamente precisa de um cronômetro para realizar o trabalho. Use um cronômetro digital padrão, que pode ser encontrado em qualquer loja de artigos esportivos. Encontre um que seja durável e confiável. É melhor usar dois cronômetros ao mesmo tempo. À medida que a pessoa que estuda o tempo se tornar mais competente no trabalho, dois cronômetros tornarão a tarefa mais eficiente de modo que mais de um elemento do trabalho possa ser cronometrado simultaneamente.

Usar uma planilha de coleta do estudo de tempo

Os dados brutos devem ser documentados e salvos para referência futura. Você verá que uma planilha de coleta do estudo de tempo é muito fácil de usar. Ela contém todas as informações necessárias para projetar uma linha de montagem. O Microsoft Excel funciona bem para configurar uma planilha como essa, a qual deve conter as seguintes colunas:

- Número sequencial
- Conteúdo do trabalho
- Trabalho com valor agregado
- Trabalho sem valor agregado
- Quantidade da amostra
- Média

Documentar o conteúdo do trabalho

Um erro que muitas pessoas cometem quando fazem estudos de tempo é tentar obter informação demais de uma só vez. É importante lembrar que a coleta desses dados leva tempo e você nunca deve apressar o processo. Eu aprendi com a experiência a primeiro registrar o conteúdo do trabalho e depois voltar ao estudo de tempo. Estando confiante que o conteúdo do trabalho, com ou sem valor agregado, foi identificado, simplesmente volte e cronometre todas as etapas.

Registrar cada elemento de tempo do conteúdo do trabalho

Documentar o conteúdo do trabalho não é tão fácil quanto parece. Normalmente, há bastante trabalho, com e sem valor agregado, associado à instalação até mesmo de um componente. Eu recomendo que o conteúdo do trabalho seja documentado do início ao fim, durante todo o processo, até a última estação de trabalho ser analisada. Não se prenda a estações ou ao número de trabalhadores. Crie uma longa lista sequencial de todo o trabalho requerido para fabricar o produto. A linha de produção será drasticamente modificada e as novas exigências de estação serão definidas com estas informações.

Envolver os operadores

Busque o aconselhamento dos operadores durante a fase de coleta de dados. Diga-lhes que você precisa saber que trabalho é realizado em suas estações. Deixe-os debater os problemas que entravam a sua capacidade de trabalhar com eficiência e faça muitas perguntas sobre as suas responsabilidades. Interesse-se de maneira geral pelo que eles fazem e diga-lhes que você está coletando dados para ajudá-los no futuro.

Também é um bom momento para conscientizar os operadores de que você realizará estudos de tempo sobre o conteúdo do trabalho. Explique que não é uma tentativa de descobrir o quão rápidos eles são, mas de documentar quanto tempo leva para fabricar o produto. Caso você se apresente profissionalmente, levando em conta as preocupações deles, quando você voltar para cronometrá-los contará com o apoio deles.

Realizar os estudos de tempo

Agora que todo o conteúdo do trabalho está documentado, volte para a primeira estação de trabalho e comece a cronometrar. Você deve ter falado com todos os operadores em cada uma das estações. Seja inteligente na sua cronometragem. Não atrapalhe o trabalho dos operadores porque eles ainda têm que trabalhar enquanto você os cronometra. Algumas pessoas se sentem desconfortáveis ao serem cronometradas porque acham que devem trabalhar mais depressa. Use o máximo de bom senso quando estiver cronometrando; se um operador estiver claramente enrolado ou trabalhando rápido demais, vá para uma outra estação e volte mais tarde. Visto que você tem todo o conteúdo do trabalho descrito, você pode realmente cronometrar qualquer etapa de uma linha de montagem. Tranquilize os operadores de que isso não se trata de velocidade e que seus nomes e estações de trabalho não constarão na planilha de coleta do estudo de tempo. É por isso que o aconselhei anteriormente a não se prender aos nomes dos operadores e às estações de trabalho. O operador se sentirá mais confortável ao saber que é uma tarefa anônima. Basta se certificar que o operador é experiente o bastante para possibilitar que se obtenha um tempo eficiente para projetar a linha de montagem.

Obter pelo menos oito amostras

Cronometrar o conteúdo do trabalho uma ou duas vezes não levará a dados exatos com propósito de projeto. Os operadores se deparam com obstáculos e desafios todos os dias, então o seu trabalho não leva sempre o mesmo tempo para ser feito. Cronometre o mesmo conteúdo de trabalho oito vezes para garantir que sejam levadas em conta as situações diferentes. Sempre pare de cronometrar quando o operador largar uma ferramenta, parecer confuso ou sair para falar com alguém. Tente distinguir as anomalias que não seriam consideradas durante o projeto da linha de montagem. Isso não significa pular a cronometragem do trabalho sem valor agregado, como caminhar e aguardar. Registre todo o trabalho envolvido na fabricação do produto e separe as atividades inúteis.

Cronometrar todo o mix de produto (se possível)

Muitas empresas oferecem aos seus clientes vários produtos. Alguns produtos são usados com tanta frequência que chegam a ser quase um padrão; entretanto, outros são muito raros. É importante documentar e cronometrar todos, independentemente da sua frequência. Tenho consciência de que isso pode ser difícil, dependendo do que está sendo produzido no momento das suas observações, mas faça o melhor que puder. Pode ocorrer um dia na nova linha de montagem em que haja uma grande quantidade de um produto raro e se isso não for levado em conta no projeto, haverá gargalos, desequilíbrios nas estações de trabalho, problemas de qualidade e possivelmente paralisações na linha de produção. Cronometre o pior cenário para o produto.

Descartar o maior e o menor tempo

Depois de terem sido cronometradas as oito amostras, desconsidere os tempos mais alto e mais baixo, a menos que esses tempos sejam próximos aos seis tempos restantes. Eles representam a circunstância rara e incomum. Não confunda os tempos alto e baixo com os tempos dos produtos pouco frequentes. Um exemplo de circunstância não usual que resultaria num tempo anormalmente elevado é se um operador estiver lutando para encaixar um componente na unidade devido a um defeito de fabricação atípico. Embora essas situações aconteçam de tempos em tempos, não as inclua no projeto. Calcule a média de tempo a partir dos seis tempos restantes. Esta média representará o tempo padrão para o trabalho.

Os estudos de tempo são importantes demais e a exatidão dos seus dados irá viabilizar ou não a nova linha de montagem. Os erros nos estudos de tempo se mostrarão muito rapidamente após a nova linha estar ativada e funcionando. Não apresse esta análise, mas não leve quatro meses para realizar o estudo. A planilha de coleta do estudo de tempo será a base para o projeto de uma linha de montagem eficiente, então tome cuidado com as informações que constarão nela.

Equilíbrio da linha

Concluídos os estudos de tempo e movimento, examine as informações e prossiga com as ideias de redução do desperdício. Tente descobrir maneiras possíveis de diminuir o tempo que as pessoas gastam abandonando a estação de trabalho para pegar componentes e ferramentas. Identifique as potenciais oportunidades de redução do retrabalho e as melhores maneiras de disponibilizar as ferramentas na estação de trabalho. Faça uma lista para a equipe de kaizen examinar.

Por volta de uma semana antes do evento, tente propor opções para balancear a linha de produção. Quando balancear as cargas de trabalho entre as estações, existem algumas regras que você pode seguir para tornar o processo mais fácil:

1. Balanceamento pelo tempo
2. Balanceamento pelo conteúdo do trabalho
3. Balanceamento pelo estoque

Balanceamento pelo tempo

O primeiro passo para balancear a linha é usar as informações do estudo de tempo, somando o tempo associado com o trabalho até ser alcançado o *takt time*. Mais do que provavelmente, os tempos terão uma soma um pouco menor ou maior do que o *takt time* devido à natureza dos padrões individuais de tempo. Não se preocupe; este é apenas o primeiro passo do balanceamento. O que você está fazendo basicamente é identificar o conteúdo de trabalho potencial da estação de trabalho. Continue com este exercício até percorrer toda a planilha.

Balanceamento pelo conteúdo do trabalho

A segunda fase do balanceamento da linha é identificar o trabalho na planilha de estudo de tempo que pode ser deslocado de uma estação para outra sem afetar a qualidade. Basicamente, você está movendo a antiga sequência para ajudar a balancear as estações de trabalho na nova linha de produção. Esta etapa exige um pouco mais de raciocínio e exige também o envolvimento do operador e da engenharia. Existe algum trabalho que era feito na estação de trabalho 1 e que pode ser implementado na estação 3? Ao deslocar o trabalho você consegue balancear melhor a linha de produção como um todo.

Balanceamento pelo estoque

Seu último passo para o balanceamento é criar um estoque provisório entre as estações de trabalho. Por exemplo, se a fabricação do produto exigir um procedimento de teste que tenha o dobro do tempo de ciclo do *takt time*, então abra espaço na estação de trabalho para testar duas unidades ao mesmo tempo. Quando o produto entrar na área de teste e sair a cada *takt time*, o processo ainda estará balanceado.

A equipe de kaizen pode examinar as informações de balanceamento da linha e continuar com mais ideias de melhoria; no entanto, a realização do exercício de balanceamento pelo menos dará à equipe e à empresa uma ideia das exigências da estação de trabalho para suportar o volume.

PRIMEIRO DIA

O líder da equipe deve começar a reunião de início dos trabalhos apresentando os membros da equipe uns aos outros. Se a empresa for relativamente pequena, os membros da equipe podem já se conhecer. Cada membro da equipe deve expor a sua ocupação e onde trabalha na fábrica. O líder da equipe deve gastar cerca de uma hora debatendo o 5S, o trabalho padronizado, os este desperdícios e a programação visual. Esta orientação ajudará os membros da equipe a entender melhor a importância do kaizen e quais ferramentas e métodos usarão para alcançar os objetivos do evento. Mesmo que as pessoas estejam sendo treinadas antes do evento em métodos de produção enxuta, ainda é bom o líder da equipe examinar as ferramentas para que todos tenham uma perspectiva atual de como proceder.

Certifique-se de que a equipe entenda as restrições que possam existir em relação ao reposicionamento das máquinas e da mudança no leiaute da fábrica. A equipe terá que ser inteligente em sua abordagem, de forma que os operadores possam continuar a trabalhar. O bom trabalho de equipe tornará o evento não só mais prazeroso quanto produtivo.

Após as apresentações, o líder da equipe deve apresentar a visão geral do evento kaizen e descrever os objetivos que a equipe deverá completar até o fim da semana. O líder da equipe deve também ter preenchido a escala da semana, a qual deve ser divulgada em um painel. Os eventos de cada dia devem ser delineados com uma lista dos objetivos pretendidos.

Tente escalonar o tempo de início, de modo que a equipe esteja trabalhando antes da saída dos operadores. Eles podem interagir entre si em relação às questões, antes dos trabalhadores da linha de produção irem para as suas casas, e a equipe de kaizen pode começar a mudar as coisas de lugar. O cronograma é um esboço geral, já que as atividades podem mudar durante o evento.

Todos os membros da equipe devem estar presentes quando o evento começar, durante as reuniões e na reunião de encerramento no fim do dia. Como os membros da equipe foram escolhidos duas semanas antes do evento, não deve haver desculpas para o absenteísmo. O primeiro dia do evento kaizen envolve duas atividades importantes. Primeiro, classificar todos os itens desnecessários na linha antiga com a realização de um evento de etiqueta vermelha. Segundo, examinar as informações de balanceamento da linha ou a planilha de trabalho padronizado que foi preparada na semana anterior e procurar erros e outras oportunidades de melhoria. Divida a equipe em duas subequipes para trabalharem em duas atividades. O líder da equipe deve atribuir papéis a cada membro da equipe, bem como as suas respectivas metas. Ambas as equipes devem se reunir novamente num horário de almoço para fazer um breve relatório de *status*.

Equipe da etiqueta vermelha

O 5S deve ser a base de qualquer evento kaizen, independentemente do seu tema. Segue aqui um exame da etapa 5S do evento.

Classificar não significa necessariamente se limitar a jogar coisas fora. Num evento futuro, os itens removidos durante a campanha da etiqueta vermelha podem ter utilidade em outro lugar. Classificar é um método para identificar itens potencialmente desnecessários na fábrica, avaliando a sua necessidade e lidando com eles de maneira eficiente. Escolha uma área na fábrica onde as ferramentas, bancadas de trabalho, gabaritos, moldes, rejeitos, componentes e quaisquer outros itens que não sejam mais usados possam ser colocados. Esta será a área das etiquetas vermelhas. Circunde a área com fita vermelha e sinalize-a indicando o seu uso. Esta área está fora dos limites de qualquer pessoa na fábrica, exceto da equipe de kaizen.

O líder da equipe deve distribuir uma caixa de etiquetas vermelhas que a equipe usará para identificar os itens a serem removidos. Eu vi muitos eventos kaizen bem-sucedidos onde a atividade de classificação foi feita sem as etiquetas vermelhas. Porém, uma vez concluído o evento kaizen, foi difícil avaliar os itens e decidir o que precisava ser feito com eles. Um evento de etiqueta vermelha organiza a atividade de classificação de uma forma mais produtiva.

Durante a campanha da etiqueta vermelha, os membros da equipe serão abordados pelos operadores, que questionarão a remoção de um item. Ouça os argumentos deles. Se o operador for incapaz de justificar o uso de um item, deve ser colocada uma etiqueta vermelha neste. Como todo evento kaizen inclui um operador de uma área de montagem, a identificação dos itens de etiqueta vermelha deve ser mais fácil e menos estressante.

A remoção do WIP durante o primeiro dia pode provocar conflito. Apesar do WIP não possuir valor agregado, deixe que os operadores trabalhem no WIP durante o evento kaizen. O segundo e terceiro dias da semana são bons momentos para sacar o WIP da linha de produção e filtrá-lo de volta durante a implementação do fluxo unitário de peças.

A equipe de classificação deve utilizar a primeira metade do dia colocando etiquetas vermelhas em todos os itens desnecessários. Ela deve divulgar no almoço as informações sobre as suas atividades e resultados.

Examinar as informações sobre o balanceamento da linha

Uma vez liberada a equipe de classificação para o chão de fábrica, o líder da equipe deve distribuir as informações de balanceamento da linha para os demais membros da equipe, os quais comporão a equipe de revisão. Repetindo: ter operadores da linha de produção na equipe será um recurso muito valioso para peneirar as informações. Eles podem achar erros que podem ser resolvidos antes da construção da linha de montagem. A equipe de revisão deve buscar oportunidades para a redução dos desperdícios e criar imunidade contra os erros. Certifique-se de possuir os dados originais do estudo de tempos e movimentos. O coordenador do kaizen deve ter extraído muitos dados com relação a movimentação de pessoal, sob o pressuposto de que os componentes e submontagens serão colocados no ponto em que serão usados. Além disso, as operações de retirada dos pacotes será feita agora na área de recebimento e não pelo operador, de modo que o conteúdo do trabalho não estará incluído no projeto. Parte do processo de revisão consiste em sair para a linha de montagem e verificar o conteúdo do trabalho e os estudos de tempo. Este também é um bom momento para que algumas pessoas na equipe de revisão compareçam ao chão de fábrica e documentem o trabalho que não possui valor agregado. Eles também podem usar os dados antigos de tempo e movimento para encontrar áreas de desperdício. Este exercício é bom para verificar se as informações de balanceamento da linha são exatas. A equipe de revisão deve levar cronômetros, escolher aleatoriamente os operadores e cronometrar o seu trabalho. Este exercício será a verificação final dos dados e quaisquer mudanças nas planilhas de equilíbrio da linha devem ser feitas neste momento. A equipe de revisão deve utilizar a primeira metade do dia para examinar as planilhas de trabalho padronizado e analisar a linha de montagem.

O líder da equipe deve deixar os dois membros da equipe trabalhando sozinhos em suas atribuições. Este é um bom momento para o líder da equipe tirar fotos da condição atual da linha de montagem visando a apresentação de prestação de contas. O líder da equipe também deve participar de ambas as atividades para garantir que o trabalho esteja sendo feito de forma eficiente.

Concluindo o evento de etiqueta vermelha

As bancadas de trabalho e os equipamentos grandes precisarão ser retirados. O pessoal da manutenção na equipe deve se certificar que o equipamento esteja corretamente desconectado e que os fios e cabos pendurados estejam seguros.

A equipe precisa andar rápido e começar a sacar os itens com etiqueta vermelha antes que os operadores retirem essas etiquetas. As pessoas se acostumam a trabalhar no desperdício porque ele cria um estoque provisório para as suas ineficiências.

Uma campanha de etiqueta vermelha dará uma ideia da quantidade de desperdício acumulada no decorrer do tempo. A área das etiquetas vermelhas ficará cheia rapidamente. Dois membros da equipe devem ser designados para a área, visando monitorar os itens conforme chegarem e verificar se as etiquetas vermelhas foram preenchidas corretamente. Essas duas pessoas podem ajudar a organizar e manter a ordem, de modo que os itens não se acumulem simplesmente.

Durante a fase de remoção das etiquetas vermelhas, os membros da comissão gestora do evento kaizen e outros membros da alta gestão devem ser convidados para ver o volume de desperdício que se acumulou. O líder da equipe deve tirar fotos da área das etiquetas vermelhas para a apresentação de prestação de contas na sexta-feira.

A eliminação dos itens desnecessários por meio da campanha da etiqueta vermelha liberará uma grande área onde poderão ser instaladas as futuras linhas de montagem. Conforme os itens identificados com a etiqueta vermelha desaparecerem da linha de montagem, começarão a surgir pequenas ilhas de bancadas de trabalho e equipamentos. Elas representam a quantidade máxima de itens necessários para que o trabalho possa ser feito. Ao final do primeiro dia, a equipe de kaizen deve ter completado com sucesso o evento de etiqueta vermelha e concluído as informações de balanceamento da linha.

Os operadores ficarão um pouco confusos no dia seguinte. Lembre-se apenas que cada evento é inteiramente planejado com quatro semanas de antecedência e os supervisores de produção estão cientes de que haverá um pouco de estresse adicional durante o evento.

Reunião do final do dia

O dia deve terminar com uma visão geral dos resultados do dia e com o estabelecimento dos itens de ação para o segundo dia. Os líderes de equipe devem deixar as informações para o gerente da produção, delineando o que foi feito para a sua área de trabalho.

SEGUNDO DIA

A equipe deve começar o dia, como sempre, na sala de apoio e no horário designado pelo líder da equipe. O segundo dia é o primeiro dentre os que foram reservados à elaboração do leiaute da nova linha. A equipe conduzirá o segundo e terceiro *Ss* do programa 5S: Limpar e Organizar. Os projetos de manutenção também devem começar no segundo dia. A primeira atribuição do segundo dia é partir para as informações do balanceamento da linha e prosseguir com pelo menos duas ideias de projeto de linha de produção. Dependendo do tamanho e da complexidade da linha, as vezes é bom que essas ideias de projeto surjam antes do evento. Cheguei até mesmo a conduzir eventos kaizen para projeto de linha de produção para assegurar que a equipe de implementação tivesse tudo o que precisava para criar. Entretanto, na maior parte das vezes há tempo suficiente durante o evento de implementação para que surjam ideias que funcionem. Use o máximo de bom senso quando tomar esta decisão.

Projeto de linha de produção

Dependendo das restrições de espaço no chão de fábrica, a equipe de kaizen deve compor pelo menos dois projetos de linha. As células em forma de U são muito boas para montar produtos pequenos e simples. Normalmente, os operadores ficam posicionados no meio da célula, trabalhando juntos para fabricar um produto. As celulas em forma de U permitem que os operadores se vejam e se ajudem. A célula atua como uma equipe autônoma. O primeiro e o último operadores se sentam de costas um para o outro. Os operadores das células em forma de U geralmente são mais flexíveis e podem mudar de estação para estação.

Contudo, nem todas as "linhas" de montagem podem ser convertidas em células em forma de U. As linhas de produto grandes e volumosas podem exigir estações de trabalho para montagem maiores e mais armazenamento de material, o que não permite aos operadores terem um contato mais próximo uns com os outros. Além disso, as células de trabalho em forma de U não devem consistir em mais de oito estações de trabalho. Eu vi células em forma de U bem grandes, devido ao tamanho e a quantidade de componentes na célula. Os operadores não ficavam próximos uns dos outros e não podiam se ver muito bem.

É uma boa ideia a equipe desenhar o projeto da linha em *software* de CAD. Certifique-se de que eles desenhem quaisquer juntas de dilatação e polos de retenção que constem no chão de fábrica. Se a sua empresa não tiver um leiaute da fábrica, meça a área onde ficava a antiga linha de produção e atenha-se a esses limites. A campanha da etiqueta vermelha do dia anterior deve ter liberado bastante espaço no chão de fábrica, então não deve ser difícil encaixar o novo leiaute de linha na área.

Após discutir o projeto preferido, o líder da equipe deve definir as ações para o dia. O processo de montagem precisa ser configurado no formato do novo leiaute. O líder da equipe deve distribuir uma ou duas planilhas de trabalho por membro da equipe e estes devem ir ao chão de fábrica e medir os itens necessários para construir a linha – *racks* de componentes, bancadas de trabalho ou plataformas elevatórias, móveis de computador, paletes, caixas, sacolas, caixotes de lixo etc. Repetindo: a planilha de trabalho padronizado esboçará tudo o que é necessário.

O líder da equipe deve designar um membro da equipe para atuar como coordenador e monitorar as atividades de medição. Conforme as informações retornarem dos líderes de equipe, o desenhista da equipe pode começar a traçar a linha no *software* de CAD. A meta deve ser a conclusão das medições e do leiaute da linha antes do almoço.

Reunião do meio-dia

Depois do almoço, a equipe deve se reunir e discutir os itens de ação para a segunda parte do dia. A montagem da nova linha levará dois dias. Cinco estações por dia é uma boa meta. Existem dois objetivos para a equipe. Primeiro, ela deve montar as estações de trabalho. Segundo, as estações de trabalho devem ser configuradas com os componentes e ferramentas exigidos.

Limpeza/brilho

Antes da equipe começar a construção da linha de montagem, limpe o chão para dar um brilho de sala de exposições. Muitos chãos de fábrica são pintados e eu recomendo isso bastante por uma questão de aparência. Pintar um chão de fábrica pode ser muito caro e deve ser feito em algum momento na vida da fábrica, mas não tente fazer isso durante o evento kaizen porque a tinta não irá secar a tempo. Os equipamentos de informática, ferramentas, gabaritos, maquinário e quaisquer outros objetos mecânicos devem ser limpos também, não apenas por uma questão de aparência, mas pela funcionalidade. As bancadas de trabalho, estantes, mesas e *racks* de armazenamento precisam estar limpos e sem poeira ou resíduos. Este ato de limpar é a função Limpeza/Brilho da campanha 5S.

Projetos de manutenção e oficina

A equipe precisa decidir, usando as planilhas de trabalho padronizado, se existem projetos que o departamento de manutenção deve começar. Qualquer equipamento novo ou existente deve ser verificado para assegurar que funciona corretamente e que está pronto para ser instalado.

A linha de montagem deve ser montada começando pela última estação de trabalho. Ache um ponto de partida para medir o posicionamento correto da linha de produção; as juntas de dilatação ou polos de retenção funcionam bem. Deixe aproximadamente um metro de distância entre a estação de trabalho e qualquer depósito de material. Isto permitirá que o montador se vire facilmente e manobre dentro da estação de trabalho. Deixe que o material dite o tamanho que a estação de trabalho deve ter. Não projete todas as estações de trabalho com as mesmas dimensões. Algumas estações podem ter componentes volumosos e outras podem ter pequenos consoles e equipamentos.

Apresentação das ferramentas

Neste ponto, a área ainda estará um pouco bagunçada. Os componentes e ferramentas excedentes deixados pela antiga linha de montagem estarão depositados por toda parte, ocupando espaço desnecessário na nova linha de montagem. Embora a campanha da etiqueta vermelha venha a eliminar a maioria das ferramentas, é mais que provável que as quantidades de componentes ainda permaneçam altas. Divida e equipe em dois grupos. Um grupo deve trabalhar na apresentação das ferramentas e o outro na apresentação dos componentes. As ferramentas e componentes devem ser expostos de maneira similar.

Em condições ideais, as ferramentas ficam posicionadas acima da cabeça do operador e ao alcance do braço. Isso é bom para as pequenas ferramentas pneumáticas. As ferramentas grandes precisarão de um posicionamento mais complexo. As ferramentas não pneumáticas, como conjuntos de bocal, chaves, cortadores de fios etc., também devem ficar ao alcance do braço, mas não necessariamente acima da cabeça. Faça com que os membros da equipe levem as planilhas de trabalho padronizado para as estações de trabalho e formulem ideias para o posicionamento das ferramentas. Os operadores incluídos na equipe de kaizen são o melhor recurso para este exercício. Existem diversas opções para a apresentação das ferramentas e cada estação de trabalho será diferente, dependendo das necessidades de ferramentas. As duas sugestões mais comuns para suspender ferramentas acima da cabeça são os balanceadores ou os retratores de ferramenta.

Os balanceadores de ferramenta são bons para posicionar as ferramentas manuais acima da cabeça. As ferramentas manuais ficam conectadas aos balanceadores por meio de pequenos grampos e o operador pode simplesmente puxar a ferramenta para baixo para fazer o trabalho. Quando o operador termina o trabalho, o balanceador de ferramenta apenas puxa essa ferramenta de volta para a posição acima da cabeça do operador. Entretanto, há um aspecto negativo nos balanceadores de ferramenta: eles tendem a dar um puxão na ferramenta e os operadores por vezes se veem lutando com eles. É um bom hábito usar ferramentas manuais leves quando se lida com balanceadores de ferramenta.

Os retratores de ferramenta são uma ótima alternativa para os balanceadores. Eles são muito parecidos no que diz respeito ao posicionamento e funcionamento; porém, são projetados para travar numa determinada posição após a ferramenta ser puxada para baixo. Isso permite que o operador se movimente em torno do produto sem lutar com o retrator. Depois, o operador puxa um pouco para baixo para destravar o cabo do retrator e a ferramenta sobe para a posição estática original.

Quadros sombreados

As ferramentas pequenas e outros dispositivos necessários para a linha de montagem podem não ser bons candidatos para a colocação acima da cabeça do operador. Os quadros sombreados, como os descritos no capítulo anterior, podem ser usados para armazenar ferramentas de maneira organizada. Uma ferramenta que esteja faltando fica bem evidente no final do dia.

Submontagens

É preciso alocar espaço para as submontagens concluídas dentro da linha de montagem principal. Da mesma forma que nos componentes, é necessário estabelecer quantidades para as submontagens. É fundamental escolher os tamanhos corretos das caixas e contenedores para ocupar o mínimo de espaço no chão de fábrica e nas prateleiras. Serão usados vários tamanhos e formas, dependendo do componente.

Os itens diversos, tais como canetas, identificação do operador, etiquetas etc, também devem ser colocados em uma caixa. Depois das caixas terem sido escolhidas e da equipe ter preenchido os componentes nos níveis exigidos, deve ser escolhido um *rack* de componentes. Quando possível, devem ser usados *racks* de componentes móveis de qualquer tipo. Diversos tipos de *rack* podem ser encomendados nos fornecedores de armazenamento de materiais.

O segundo dia é repleto de ação para a equipe de kaizen. A equipe deve se reunir na sala de apoio para debater os resultados do dia antes de ir embora. Os líderes de equipe devem explicar à equipe que o terceiro dia será mais tranquilo porque todo o treinamento sobre a construção da estação de trabalho e sobre a apresentação dos componentes e ferramentas já ocorreu no segundo dia. A equipe deve estar apta a concluir a construção da linha de montagem no terceiro dia.

TERCEIRO DIA

Como sempre, a equipe deve se reunir na sala de apoio e debater os itens de ação para o dia. Já que todos os apoios visuais, as sinalizações, as etiquetas e outras ferramentas de programação visual serão feitas no quarto dia, os operadores precisam olhar em volta para verificar se têm perguntas sobre a configuração das estações de trabalho. Mesmo que a linha esteja mais organizada do que antes, sem a programação visual correta ela se torna desorganizada muito rapidamente. Mantenha alguns membros da equipe na linha de produção até o término do turno do dia. A equipe precisa aplicar as mesmas regras dimensionais que aplicaram no segundo dia para concluir a linha.

A equipe deve fazer o seu intervalo de almoço habitual e realizar a reunião do meio-dia. No final do terceiro dia, a linha deve estar pronta para a implementação da gestão visual. A equipe deve se reunir na sala de apoio e discutir os eventos do dia. Eles concluíram a construção da linha? A manutenção terminou de instalar as ferramentas e de criar os quadros sombreados para cada estação? O líder da equipe deve retirar a equipe do chão de fábrica e percorrer a linha de produção. Embora haja mais um dia de trabalho pela frente, a equipe deve estar contente com as suas realizações.

QUARTO DIA

A programação visual é fundamental para o funcionamento de uma linha de montagem de produção enxuta. Ela reduz a quantidade de contratempos e proporciona informações em tempo real sobre o progresso da linha. A chave para a programação visual é ser criativo. Utilizamos auxílios visuais todos os dias e ocasionalmente esquecemos que eles estão ali. Imagine o que seria dirigir todos os dias para o trabalho sem a sinalização das ruas, limites de velocidade, faixas, retornos, semáforos, saídas e todos os auxílios visuais que usamos nas ruas. Um chão de fábrica deve ser configurado para funcionar por si e permitir que a gestão e a engenharia reajam aos auxílios visuais. A programação visual geralmente está associada apenas com a criação de informações de produção visualmente disponíveis para acompanhar o progresso, mas ela vai além disso. Ela não só dá informações em tempo real sobre a performance diária, mas também trata de ter os sinais e marcas apropriados para permitir que o processo de fabricação funcione por conta própria, com as pessoas realizando os processos conforme o necessário.

O dia final da implementação será corrido. Entretanto, é um dia de criatividade e raciocínio não convencional. Os controles e sistemas visuais serão implementados na linha de montagem, permitindo-a funcionar quase desacompanhada. O líder da equipe deve se concentrar nos itens de ação para o dia e determinar quem é responsável por concluí-los:

- Criar os sinais das estações de trabalho e dos *racks* de componentes
- Marcar o chão de fábrica com fita
- Determinar os níveis de produção da submontagem
- Instalar os quadros sombreados e as luzes de sinalização

Criar os sinais das estações de trabalho e dos *racks* de componentes

Esta é uma tarefa simples, embora demorada. Cada estação de trabalho e *rack* de componentes precisará de uma identificação. Um membro da equipe deve ser responsável por criar e instalar os sinais das estações de trabalho e dos *racks* de componentes. Primeiro, precisa ser feita uma contagem exata de todas as estações de trabalho e *racks* de componentes para garantir que nenhum deles tenha a designação duplicada. É um bom hábito identificar os números das estações de trabalho na linha de montagem. Já vi centenas de estações de trabalho ao longo dos anos que eram rotuladas com base no conteúdo do trabalho realizado nelas. De um certo modo, isto implica que o trabalho na estação nunca será reequilibrado. Os números são melhores para as estações de trabalho. Imprima-os em folhas de papel A4 e plastifique-os para que fiquem protegidos. Os sinais têm duas finalidades. Primeiro, identificam a estação de trabalho; e segundo, são designações da localização dos componentes. Tente instalar os sinais das estações de trabalho numa altura suficiente para que possam ser vistos a uma distância moderada. Este exercício é fácil e os líderes de equipe devem permitir que os membros sugiram maneiras criativas de identificar as estações de trabalho e todos os *racks* de componentes no chão de fábrica. Contanto que não haja duplicações, qualquer coisa é realmente aceitável.

Marcar o chão de fábrica com fita

Este exercício vai exigir dois membros da equipe. Qualquer coisa que esteja no chão de fábrica tem que ser identificada da mesma maneira. Plataformas elevatórias, *racks* de componentes, paletes, caixas de descarte, bancadas de trabalho, esteira de saída etc – tudo deve ser identificado. A fita para o chão vem em várias cores e estilos. A fita amarela é a mais popular, já que cria um contorno brilhante em volta dos itens no chão. Depois de cada item ser contornado com fita amarela, os dois membros da equipe devem criar sinais no chão que identifiquem os itens. Todas as etiquetas, sinais e demais identificações devem ser plastificados para protegê-los contra danos. Os sinais no chão podem ficar sujos ou despedaçados. O material de plastificação protegerá os sinais, permitindo que durem mais.

Certifique-se de que as superfícies estejam limpas e use fita dupla-face para fixar os sinais no chão. Também é bom colocar fita transparente de embalagem sobre os sinais do chão, visando protegê-los ainda mais.

Os sinais no chão para os componentes requerem uma descrição do componente, um número e a quantidade. Os *racks* de componentes devem ser designados de modo similar. É bom colocar dois sinais de chão em todos os itens, de modo que possam ser vistos de qualquer lado. Este exercício deve exigir dos dois membros da equipe a maior parte do dia para ser concluído.

Determinar os níveis de produção da submontagem

Se os auxílios visuais corretos não forem colocados no lugar, os operadores podem produzir itens em excesso, os quais não são necessários e atrasam a linha de montagem principal. Em condições como essa, é bom definir os níveis de produção para os operadores. Isso lhes diz quando parar e começar a produzir submontagens. Eles podem se alternar como uma equipe, produzindo a quantidade correta no momento correto.

Os líderes de equipe devem escolher as pessoas para criar e implementar os auxílios visuais para os operadores de submontagem e para os operadores da linha de montagem principal que os instalam. Existem dois *racks* designados na célula de trabalho da submontagem para colocar os produtos acabados. Com base nas quantidades acima, devem ser criados os sinais de nível de produção para orientar os operadores.

Instalar os quadros sombreados e as luzes de sinalização

A manutenção deve ter os quadros sombreados prontos para instalação no quarto dia. Como a maior parte das ferramentas pneumáticas está suspensa acima das estações em retratores, os quadros sombreados serão pequenos. Eles podem ser instalados nos *racks* de componentes das estações de trabalho ou em qualquer outra área que seja eficiente.

As luzes de sinalização são críticas na programação visual. Elas são muito comuns, mas muitas vezes são usadas incorretamente ou sequer são usadas. As luzes de sinalização são o sistema de comunicação entre os operadores e o resto da fábrica. Existem várias luzes de sinalização disponíveis no mercado e cada empresa atribui significados diferentes a cada cor.

O vermelho pode ser usado para sinalizar que há um problema importante na estação de trabalho. Pode haver um problema de qualidade ou um malfuncionamento de uma plataforma elevatória ou ferramenta; o operador pode estar sem componentes ou precisando falar com o supervisor de produção. Quando a luz vermelha estiver acesa, qualquer pessoa do apoio na área deve largar o que estiver fazendo e verificar o problema do operador.

O amarelo pode ser usado quando for uma questão menos importante. Esta cor também pode ser usada para sinalizar a um almoxarife que são necessários mais componentes em uma caixa ou que uma submontagem está ficando sem componentes. O almoxarife pode ir até a estação de trabalho em questão e apurar se o operador precisa de assistência material.

Uma luz verde indica para toda a fábrica que tudo está funcionando bem e que a unidade está andando dentro do *takt time* desejado. A implementação da programação visual é muito importante num ambiente de produção enxuta. Sem a orientação e as informações necessárias sobre o progresso diário, a gestão e os engenheiros irão reagir lentamente aos problemas quando eles ocorrerem. Em vez disso, o pessoal de apoio deve reagir aos sinais que estão indicando o desvio do padrão e os problemas podem ser resolvidos antes de acontecerem.

A equipe deve tentar fazer o máximo possível para completar no quarto dia os itens listados neste capítulo. Cerca de uma hora antes do fim do dia, a equipe deve concluir os trabalhos na sala de apoio. A equipe deve reservar um tempo para refletir sobre o que acabaram de realizar. O líder da equipe deve fazer uma lista das realizações individuais da equipe para incluir na apresentação de prestação de contas do quinto dia.

QUINTO DIA

Encerrar o evento kaizen é uma parte importante de qualquer projeto. Esta é a oportunidade da equipe exibir as suas realizações. Há duas partes em uma apresentação de prestação de contas: a apresentação propriamente dita e uma visita orientada ao chão de fábrica.

A apresentação de prestação de contas deve ser marcada para o final da manhã, de modo que o líder da equipe tenha tempo de prepará-la. A finalidade desta apresentação é mostrar a toda a fábrica as realizações da equipe e as melhorias que foram feitas nos indicadores do negócio.

Deve-se permitir que a equipe descanse um pouco e volte ao trabalho de acordo com a necessidade. O líder da equipe pode precisar se reunir com o coordenador do kaizen (a não ser que este coordenador tenha liderado o evento) para decidir como a apresentação será montada.

A apresentação de prestação de contas também inclui uma visita orientada à nova linha de montagem. Isso dará aos participantes uma chance de ver a linha funcionando sob as novas condições. A apresentação em si deve levar cerca de 30 minutos e a visita deve ocorrer até que todas as questões ou preocupações tenham sido abordadas. A apresentação deve incluir:

1. Os nomes do líder e dos membros da equipe, assim como os cargos de todos eles
2. O nome da linha de montagem ou da área
3. A data do evento kaizen
4. Os resultados esperados
5. Os resultados reais
6. Fotos de antes e depois
7. As lições aprendidas
8. O mandato de trinta dias (lista de coisas a fazer)

O mandato de 30 dias é uma lista de itens não concluídos do evento kaizen. Todo evento terá uma lista de coisas a fazer e os membros da equipe devem ser orientados para concluir os itens da lista em 30 dias. Existem raras ocasiões em que esses itens exigirão mais do que 30 dias; porém, a comissão gestora do evento kaizen deve tentar ajudar a equipe a completar suas tarefas no prazo estabelecido.

Estudo de Caso: Samson Rope Technologies, Inc.   7

Quando escrevi meu primeiro livro, *Kaizen Assembly: Designing, Constructing and Managing a Lean Assembly Line*, dediquei um capítulo a um estudo de caso de uma empresa que usou o meu programa de kaizen empresarial como base e orientação para todas as iniciativas de produção enxuta. A empresa foi muito bem-sucedida em sua jornada e hoje eu uso o mesmo modelo para outros clientes. Naturalmente, cada jornada é diferente e as implementações são sempre personalizadas para proporcionar a maior possibilidade de sucesso para cada organização.

O programa de kaizen empresarial exemplificado neste livro não mudou muito; fiz apenas algumas modificações nos últimos três anos. A empresa descrita no *Kaizen Assembly* era um fabricante baseado em montagem manual, sem equipamentos ou automação. Este capítulo será dedicado a descrever a jornada de produção enxuta da Samson Rope Technologies, com sede em Ferndale, WA, e com filial em Lafayette, LA. A Samson Rope não é a operação tradicional baseada na montagem manual. Ela opera processos altamente automatizados para fabricar cordas profissionais destinadas a clientes das indústrias naval, aparelhamento *offshore*, pesqueira, extração vegetal, utilitária, segurança, resgate e de lazer náutico. A Samson existe há mais de cem anos, sendo reconhecida como líder no desenvolvimento e fabricação de cordas de alta performance. O firme compromisso da empresa com a pesquisa e o desenvolvimento, assim como o seu pacote único de engenharia de campo e serviços de suporte pós-venda, resultaram em produtos mais resistentes e duráveis para uma faixa diversificada de usuários comerciais e de lazer. A Samson fabrica mais de mil produtos diferentes, muitos dos quais apresentados numa ampla gama de configurações, tais como torcido e trançado, diâmetro, cor, comprimento e terminação variados.

Descrevo aqui uma história de como eles empregaram o nosso programa de kaizen empresarial. Os nomes e o conteúdo deste capítulo foram previamente aprovados pela organização.

JANEIRO DE 2007

Era inverno de 2007 e eu havia acabado de mudar a minha empresa, Kaizen Assembly, para Bellingham, WA. Eu cresci ali, mas passei cerca de quatro anos no Sul, morando na Geórgia e na Carolina do Norte. A Kaizen Assembly estava entrado em seu segundo ano e crescia como mato. A nossa base de clientes havia crescido e eu estava animado em espalhar o seu sucesso pelo Noroeste do Pacífico. Foi mais ou menos nesse momento que comecei a ensinar produção enxuta na escola técnica local em seu programa de desenvolvimento profissional. Este canal de formação era, e ainda é, muito estimulante, além de ser um belo complemento para os serviços de consultoria atuais da minha empresa.

Recebemos um e-mail da escola explicando que o fabricante local estava interessado em treinamento. Mais especificamente, esta empresa havia visto o currículo do nosso popular curso de Melhoria Contínua e Implementação de Eventos Kaizen. Naquele momento, não havia oferta de turmas com inscrições abertas, então eu entrei em contato com a pessoa sugerindo a minha ida à fábrica para uma reunião e para a configuração de um treinamento no local. A empresa era a Samson Rope.

Foi marcada uma reunião. Nosso novo escritório no centro da cidade de Bellingham estava sendo montado; o pessoal da transportadora estava descarregando nossos móveis e suprimentos enquanto eu me dirigia à porta para me reunir com a Samson Rope. Sua fábrica ficava a cerca de 20 minutos do escritório, então era estimulante que um novo cliente em potencial estivesse rua abaixo. As pessoas que viajam a negócio gostariam de estar no meu lugar.

Cheguei à fábrica e me reuni com o gerente, Ken. Nos sentamos e discutimos brevemente o curso de kaizen, a quantidade de pessoas envolvidas e o cronograma. Concluídas as formalidades, fui levado às instalações da fábrica.

"Viva" é a melhor descrição da primeira impressão que tive. Centenas de máquinas de torcer e trançar se mexendo rapidamente criavam um ambiente extremamente dinâmico. Não levou muito tempo para que eu determinasse qual seria a minha abordagem potencial após o treinamento, já que os processos envolviam muito maquinário, equipamento e automação. Explicarei isto mais tarde na parte de avaliação da produção enxuta deste capítulo.

Ken explicou que a empresa havia acabado de concluir uma reformulação bem agressiva da fábrica, visando incorporar células de trabalho individuais para diminuir o transporte, movimento e distância a ser percorrida. Estes movimentos anteriores à minha chegada foram na verdade o seu primeiro passo na produção enxuta; logo, eles já haviam criado uma boa base para as mudanças futuras. A Samson Rope tinha um departamento de manutenção grande, com empregados altamente qualificados que apoiavam a operação dos três turnos, incluindo quaisquer projetos especiais que fossem necessários para melhorar a fábrica.

A visita durou cerca de uma hora e concluí o nosso encontro com uma rápida discussão sobre os requisitos de treinamento em relação a espaço, material didático e equipamento de áudio e vídeo. Foi um belo começo para a nossa relação.

TREINAMENTO EM KAIZEN E IMPLEMENTAÇÃO DE EVENTOS KAIZEN

O treinamento foi marcado para fevereiro e a empresa designou 10 pessoas para assistirem à aula de quatro horas. Este curso é projetado para criar o catalisador das melhorias e ajudar a desenvolver a liderança e outros gerentes na força de trabalho necessária para apoiar a produção enxuta.

- Comissão gestora do evento kaizen
- Coordenador do Kaizen
- Comunicação (quadros, boletim informativo e sistema de sugestões)
- Caixa de suprimentos do evento kaizen
- Planejamento dos eventos kaizen e o cronograma
- Como conduzir eventos kaizen
- Itens de ação e acompanhamento

A princípio, ficaram quietos, como a maioria dos alunos também fica, e estou certo de que houve algum ceticismo – tudo comum e dentro do esperado. Ken e alguns outros empregados já haviam participado de treinamento externo em produção enxuta em outro estado e tinham dúvidas sobre a sua aplicabilidade na sua fábrica. Receberam uma simulação durante o treinamento de uma linha de montagem usando o fluxo unitário de peças para ilustrar como funciona um sistema de produção puxada. Seria um grande exemplo se os participantes tivessem uma operação de montagem manual. A Samson Rope não tinha, então eu entendi as suas dúvidas iniciais. Eu soube a partir da visita inicial que não usaria esse tipo de simulação e eles precisavam de exemplos com os quais pudessem se conectar. Estes exemplos viriam mais tarde.

Concluída a parte teórica inicial e entrando na parte de "como fazer", começaram a surgir as perguntas e comentários. Descrevi em detalhes quais tipos de pessoas são necessárias na comissão gestora do evento kaizen, assim como seus papéis e responsabilidades. Debatemos sobre a importância do coordenador do kaizen e como eles, no início, poderiam distribuir as responsabilidades desta pessoa entre várias outras pessoas. O sistema de comunicação foi esboçado, assim como a caixa de suprimentos e a reunião mensal do kaizen. Tudo isto é familiar para você depois de ter lido este livro. O pessoal da Samson Rope foi convencido de que a boa comunicação era necessária para apoiar as melhorias futuras e estavam felizes com o detalhe. Terminamos com algumas perguntas finais e eu agradeci pela oportunidade de falar com eles, desejando-lhes boa sorte em suas aventuras de produção enxuta.

O RETORNO

Uma semana, mais ou menos, após o treinamento, recebi uma chamada telefônica do Ken, na qual ele me pedia para voltar à fábrica e discutir o trabalho. Ele me pediu algumas informações resumidas sobre como funciona o processo de consultoria e marcamos uma reunião.

Na semana seguinte fui novamente nas instalações de Ferndale para discutir uma potencial parceria. Eu e Ken entramos nos detalhes e fizemos um contrato. Foi criada a ligação entre a Samson Rope e a Kaizen Assembly no final de fevereiro de 2007. Eu iria conduzir uma avaliação completa de produção enxuta da empresa, facilitar uma sessão de estratégia, conduzir uma série de aulas de treinamento e facilitar alguns eventos kaizen. Foi um bom começo.

AVALIAÇÃO DA PRODUÇÃO ENXUTA E SESSÕES DE ESTRATÉGIA

Cheguei no início de março para conduzir a avaliação da produção enxuta, a qual avalia em que ponto a empresa se encontra em relação à fabricação enxuta e ao kaizen, mas que também olha para outros fatores, como comunicação, fornecedores, base de clientes e informações gerais sobre a organização. As informações reunidas na avaliação proporcionam uma direção de onde e como começar, que projetos devem ser trabalhados pela empresa, necessidades de treinamento etc.

A avaliação consumiu um dia inteiro e depois de concluída eu identifiquei algumas áreas como potenciais pontos de partida que consumiriam o resto do ano. A partir da avaliação, concluí que o foco do primeiro ano deveria ser a implementação do 5S, desenvolver o programa de kaizen da empresa e treinar os empregados nos fundamentos da redução do desperdício, do trabalho com e sem valor agregado, dos indicadores de desempenho, do 5S, do kaizen e dos eventos kaizen.

Durante a nossa sessão de estratégia, discutimos como poderíamos implementar o 5S por toda a fábrica e concluí-lo no final de 2007. Considerando que já estávamos em março e apenas começando, fiquei um pouco hesitante em estabelecer um prazo tão apertado. O grupo ficou animado com a oportunidade, a despeito de algumas dúvidas sobre como isso poderia impactar a organização. Na teoria, parecia benéfico e exequível.

Discutimos os cronogramas de treinamento e como montar o programa kaizen da empresa. O mecanismo de implementação do 5S seria por meio de eventos kaizen agendados e planejados no decorrer do ano. Os eventos kaizen sozinhos não seriam suficientes; como em qualquer jornada de produção enxuta, existem muitos eventos kaizen aos quais a empresa pode se submeter. Também ficou decidido que alguns dos supervisores teriam que implementar o 5S por conta própria, fora dos eventos. Teríamos que assegurar que tinham os recursos e suprimentos para fazê-lo. Entretanto, a maior parte da implementação seria por meio dos eventos kaizen.

O grupo também decidiu sobre uma meta de aumento de 10% na produtividade para o ano – um início modesto e uma meta possível por meio do 5S.

PROGRAMA DE KAIZEN DA SAMSON ROPE

Não perdemos tempo e começamos a trabalhar no programa interno que apoiaria todas as iniciativas de produção enxuta:

- Comissão gestora do kaizen.
- Comunicação.
- Caixa de suprimentos do evento kaizen.
- Reunião mensal.

Comissão gestora do kaizen

Como mencionei nos capítulos anteriores, toda empresa é diferente em relação ao seu organograma. Cada empresa tem que colocar as pessoas certas na comissão, com base em suas funções na empresa, para garantir que todos os atributos do planejamento e condução dos eventos sejam satisfeitos. Na Samson Rope, a comissão consistia nestas pessoas:

Ken: Gerente da fábrica

Ray: Supervisor de revestimento e armazenagem

Kevin: Gerente de projetos das instalações

Dan: Analista de operações

Bill: Supervisor de cordas grandes

Billy: Compras

Teresa: Supervisora de célula de trabalho

Sentimos que as pessoas escolhidas proporcionavam uma boa representatividade da empresa e que poderiam ajudar a tomar decisões que apoiassem as iniciativas de produção enxuta.

Comunicação

Kevin assumiu a liderança da compra dos quadros de comunicação. Acredito que eles compraram dois quadros e os colocaram um próximo da área de informações/apoio da empresa e outro em algum lugar da fábrica. Ambos eram bem visíveis para os empregados. Dan ajudou a montar a caixa de sugestões e os formulários. A Samson Rope já possuía um bom sistema de comunicação das informações empresariais e do desempenho numa sala perto da entrada dos fundos, então a caixa de sugestões foi colocada ali.

Caixa de suprimentos do evento kaizen

Kevin e seu pessoal da manutenção começaram a construção da caixa de suprimentos do evento kaizen. Eles a fizeram de madeira e instalaram rodas para que pudesse ser movimentada conforme o necessário durante os eventos kaizen. Ela foi projetada para ter uma tampa superior que podia ser trancada e que disponibilizava uma superfície para escrever. A caixa foi bem construída e do jeito que eu a exibi pela primeira vez. Pensei: "Essa coisa vai ser muito utilizada." Não manteria o aspecto de nova por muito tempo.

Reunião mensal

A recém formada comissão gestora do evento kaizen agendou a sua primeira reunião mensal para discutir o cronograma de treinamento e o primeiro evento kaizen. Fiquei impressionado com a sua motivação para seguir adiante. Concordamos em começar com um curso introdutório que abordaria os conceitos de produção enxuta. Ele foi concebido para toda a empresa; logo, eles alugaram uma grande sala de conferências num hotel local e lotaram a sala. Uma vez concluído este curso, agendamos os cursos de kaizen e de 5S. Concluída a primeira rodada de treinamento, estávamos prontos para o primeiro evento kaizen.

EVENTO KAIZEN N° 1, 7-11 DE MAIO DE 2007: CÉLULA 5, CÉLULA 8 E MONTAGEM

A comissão decidiu por um evento kaizen com três equipes para estabelecer o tom para o resto do ano. Achei isso agressivo, mas um evento com múltiplas equipes é exequível se os recursos estiverem disponíveis. A Samson designou entre cinco e sete pessoas para cada equipe e fomos adiante.

Houve muita fanfarra e comunicação neste primeiro evento. O primeiro dia começou conforme o planejado, com as três equipes fazendo a classificação nas células em busca de qualquer coisa que não fosse necessária. A equipe de montagem tinha uma área muito maior a ser trabalhada. Kevin era o líder dessa equipe e sabíamos que tinhas as mãos cheias. A área de montagem era complexa, já que o trabalho era um processo manualmente intensivo de "dividir a corda" e personalizá-la para os clientes. O trabalho variava de uma semana para outra; uma função demandava muito pouco material e suprimentos, mas a seguinte precisava de uma área de trabalho na qual se colocasse material e suprimentos. Kevin e sua equipe começaram a classificar.

Teresa tinha a célula 5 e sua equipe também começou. Teresa estava ávida pelo 5S, mas encontrava-se em dificuldades para passar a ideia do treinamento para a implementação em sua área, o que é uma resposta perfeitamente normal ao 5S.

Bill estava liderando a equipe da célula 8. A célula 8 era onde se fabricava a maior corda da fábrica, então a sua meta era a redução do espaço no chão de fábrica para proporcionar um transporte melhor para dentro e para fora da célula. O 5S pode ser desafiador quando o produto fabricado for grande e naturalmente ocupa espaço no chão de fábrica. Como as demais equipes, a dele começou bem a parte de classificação.

Conforme o primeiro dia chegava lentamente ao fim, as equipes haviam feito o que pedi a elas: concluir a classificação até o fim do dia. Todas as equipes haviam removido várias coisas com sucesso para uma área designada às etiquetas vermelhas visando o futuro exame. O primeiro dia terminou com uma rápida reunião de equipe para discutir os avanços e para ver se precisávamos trocar as pessoas ou obter mais suprimentos. Kevin tinha abastecido bem a caixa de suprimentos e até o momento parecíamos bem. Kevin sentiu que a sua equipe poderia precisar fazer mais classificações no segundo dia, já que era uma área maior. Eu diria que a equipe de montagem precisava de ajuda adicional, mas eu queria ver como Kevin reagiria ao trabalho ainda por fazer. Havia muitos itens para organizar na montagem. Em vez de interferir, eu queria avaliar a capacidade de Kevin para a gestão de projeto.

Organizar era a a tarefa a ser feita nos próximos dois dias. Uma vez que as células de trabalho usavam basicamente equipamentos mecânicos, havia bastante óleo e poeira no chão, de modo que a equipe teria que usar tinta *spray* em vez de fita adesiva para fazer as identificações, embora a fita adesiva para o chão ainda tenha sido usada em algumas áreas. Cada equipe começou a identificar os itens que constariam nos quadros de ferramenta. A equipe do Bill queria implantar novos corredores nas células para melhorar o fluxo, então alguns membros de sua equipe começaram a demarcar com fita o lugar onde seriam os corredores. Eles também começaram a identificar onde ficariam os carrinhos, latas de lixo, paletes e outros itens de chão.

A equipe da Teresa iniciou abordagens semelhantes para Organizar, incluindo a organização da bancada de trabalho do supervisor que existe em cada célula de trabalho. Todos sabiam que todos os itens tinham um local de origem, com designações e identificações claras.

A batalha do Kevin continuou na montagem. Ele havia desmanchado o lugar e estava lentamente remontando a área. Sua abordagem foi boa, já que eu sempre encorajo minhas equipes de 5S a limpar a área e começar do zero. No entanto, sua equipe parecia oprimida e me senti compelido a tirar o meu boné de consultor e colocar o de ajudante. Perguntei ao Kevin como eu poderia ajudar. Rapidamente ele me deu uma vassoura e um aspirador para começara a parte de Limpar/Polir. Ken, o gerente da fábrica, começou a passar pelas três áreas para sentir onde as equipes estavam e discutimos os avanços. Nesse ponto, ele estava contente, mas fez comentários sobre a bagunça na montagem. Expliquei que não havia alertas importantes nesse ponto.

    As equipes continuaram o dia organizando, pintando e etiquetando. As mesmas atividades continuaram no terceiro dia. As células 5 e 8 estavam indo bem, até o ponto em que comecei a pedir aos seus líderes de equipe que desviassem recursos para a equipe de montagem. No terceiro dia, eu estava ficando nervoso e Kevin estava começando a se sentir da mesma forma. Eu e Kevin observamos o avanço da equipe e rapidamente realocamos as pessoas para tarefas específicas, visando envolvê-los involuntariamente. Ken deu uma outra passada na área e agora estava ficando preocupado com o fato da equipe não terminar no prazo. Tenho total confiança na capacidade do Kevin para gerenciar a sua equipe; agora, era uma questão "braçal." Até o final do terceiro dia, éramos capazes de sacar mais algumas pessoas das outras duas equipes para ajudar a equipe de montagem. As células 5 e 8 estavam perto da conclusão dos trabalhos. Os primeiros sinais do 5S estavam começando a aparecer conforme a fita de molde era removida após a secagem da pintura, as marcações com estêncil no chão eram concluídas e os quadros de ferramenta começavam a ser instalados. Estava acontecendo.

    O quarto dia girava em torno da equipe de montagem. As outras equipes ainda estavam trabalhando bastante para terminar as suas tarefas. Então, me concentrei na equipe do Kevin. Assim como em muitos eventos kaizen, ocasionalmente parece que falta muito a fazer sem um fim à vista. E então, quase por mágica, algo acontece: a equipe se une ainda mais e *boom*! Está feito. Foi isso que aconteceu na equipe do Kevin. Ao final do quarto dia, a área de montagem parecia ótima e as outras duas equipes estavam perto de terminar.

    Tivemos uma reunião no fim do dia para discutir algum trabalho final a ser concluído no quinto dia e para descrever às equipes como elaborar a apresentação de prestação de contas. Todos os membros das equipes estavam cansados, porém felizes, e prevalecia uma sensação de realização.

    As equipes entraram no quinto dia e terminaram o que puderam, sabendo que algum trabalho não concluído iria para uma lista de itens de ação. O evento kaizen terminou com uma grande apresentação feita pelos três líderes de equipe. A empresa mostrou-se vigorosa e eles lotaram a sala de apoio para a apresentação de prestação de contas do primeiro evento kaizen. As equipes proporcionaram uma visita orientada ao chão de fábrica para os empregados e foram feitas muitas perguntas. Principalmente, havia muitos semblantes e expressões de espanto. O 5S tinha começado – com mais coisas pela frente.

CONTINUAÇÃO DO 5S

Era a volta ao trabalho para o pessoal da Samson Rope quando eles entraram na parte mais difícil do processo; manter e melhorar continuamente. A comissão gestora do kaizen agendou uma outra reunião para discutir o desenvolvimento do sistema de auditoria e acompanhamento do 5S. Eles elaboraram um formulário de auditoria preliminar do 5S e um cronograma de auditoria e divulgaram uma planilha de acompanhamento. A planilha de acompanhamento foi colocada na área de informações da empresa e perto de cada célula de trabalho. Eu expliquei que eles deviam começar a auditar apenas as áreas que tinham recebido implementações do 5S. Também discutimos o próximo evento kaizen e como o 5S seria implementado em outras áreas fora dos eventos. Teresa era a supervisora de três células de trabalho e agora ela tinha experiência com o 5S como uma líder de equipe do evento kaizen, então ela se comprometeu a implementar o 5S com seus empregados nas outras áreas sob sua responsabilidade e por sua própria conta. Teresa estava se tornando rapidamente a coordenadora do 5S na Samson Rope. Tínhamos fé que ela ia progredir.

A comissão estimulou a fábrica a ver o que as equipes haviam feito no primeiro evento e a começar a aplicar o 5S. Estava iniciando a cultura de mudança.

O próximo evento kaizen oficial foi agendado para setembro e a área escolhida foi o departamento de manutenção.

EVENTO KAIZEN Nº 2, 24-28 DE MAIO DE 2007: MANUTENÇÃO

Kevin foi escolhido como líder de equipe para este evento, já que ele foi o supervisor do gerente de projetos da fábrica. A comissão também escolheu Mike, que era o supervisor de manutenção, para coliderar o evento. Kevin queria dividir a equipe em duas subequipes e manter um foco na área de trabalho atual da manutenção e outro na sala de componentes/suprimentos. Achei que essa era uma boa abordagem. Os eventos 5S de manutenção trazem desafios diferentes, já que o departamento de manutenção é uma área comum onde as pessoas compartilham ferramentas e suprimentos, dependendo da necessidade de um determinado dia. Estes departamentos muitas vezes são uma lixeira da empresa e o pessoal da manutenção também gosta de guardar coisas para situações hipotéticas.

Então, começamos. O processo de classificação foi uma loucura menor do que eu previra. Não foi a primeira vez em minha jornada com a Samson Rope que achei a sua resistência à mudança muito baixa. Eles acharam todo o processo de classificação da manutenção um tanto revigorante. Ferramentas antigas, maquinário, gabaritos, componentes, caixas e prateleiras foram todos removidos. A área das etiquetas vermelhas para este evento estava enchendo rápido. Havia três áreas separadas no departamento de manutenção: a área atual de bancadas e trabalho/ferramentas. Uma sala de componentes e uma pequena oficina. Assim como muitas outras áreas de manutenção, era suja devido ao trabalho que realizavam, então eu sabia que a limpeza nos levaria longe. Pintar, pintar, pintar seria a palavra de ordem.

No final do primeiro dia, a equipe havia acumulado uma pilha muito grande de coisas. Uma quantidade significativa de dinheiro estava vinculada a esses itens, mas não havia nenhum amor perdido lá; se algo não era mais utilizado, saía.

A diversão de verdade começou no segundo dia. A parte de Organizar seria levada a um nível inteiramente novo, já que a equipe teria que fazer com seriedade as designações e identificações. Os quadros de ferramentas eram horrorosos. O grande número de ferramentas necessárias para apoiar as centenas de máquinas na fábrica era opressivo, mesmo depois de alguma classificação saudável. Era uma operação de três turnos com múltiplos empregados; este departamento, em alguns casos, precisava de conjuntos extras de ferramentas. Eles já haviam começado um quadro de ferramentas antes do evento kaizen, depois de testemunharem o que ocorreu durante o primeiro evento em maio, mas ainda havia dois a serem construídos.

Cada quadro foi pintado de preto para fazer com que o contorno das ferramentas se destacasse. Cada ferramenta foi marcada com base no quadro ao qual foi atribuída (i.e., quadro 1, quadro 2 etc). Foram colocadas etiquetas acima de cada ferramenta e tudo tinha o seu lugar. Levou tempo para concluir os quadros de ferramentas, então Mike designou um pequeno grupo para se concentrar apenas neles.

Outros membros da equipe estavam organizando os armários que eram usados para abrigar as ferramentas maiores e mais caras. Pedi à equipe que considerasse seriamente a remoção das portas para dar continuidade ao tema da visibilidade. Eles decidiram manter as portas porque os itens dentro dos armários eram caros. Continuei a lutar, mas finalmente cedi. É importante aprender a estabelecer um equilíbrio entre a produção enxuta e ceder um pouco para assegurar que a mudança seja aceita. Eu abri mão, pedindo que eles colocassem etiquetas nas portas dos armários indicando qual era o conteúdo.

Dan, o analista de operações da Samson Rope, parecia assumir um papel comum nos eventos kaizen. Ele fez parte do evento anterior e também fez parte deste projeto. Ele parecia ser o mais sujo dos membros da equipe em cada evento. Dan limpava, classificava e se candidatava a muito trabalho manual intensivo, muitas vezes se cobrindo de sujeira e graxa. Suas contribuições para a jornada de produção enxuta se tornaram um grande trunfo. Ajudei o Dan a concluir as localizações de várias ferramentas e suprimentos nas prateleiras e *racks*.

A equipe pegou pesado no terceiro dia, pintando os equipamentos com spray para dar um aspecto de sala de exposições, pintando o chão e organizando a sala de componentes.

Kevin ficou focado na sala de componentes, organizando os itens com base no uso e etiquetando tudo para que as pessoas pudessem achar mais depressa os itens dos quais precisassem. O departamento de manutenção estava começando a parecer com algo diferente de um departamento de manutenção. As caixas de ferramentas estavam desaparecendo. As prensas e outras máquinas na área de trabalho que antes estavam fora interrompendo a livre circulação, agora podiam ser colocadas fora do caminho devido ao espaço que estava sendo aberto no chão de fábrica. Os produtos de limpeza, vassouras, pás de lixo, latas de tinta, pincéis, macacos etc estavam todos na vertical, em quadros, ou ganharam novos lugares. Ken fez a sua inspeção habitual e ficou feliz com o progresso.

Como em todos os eventos kaizen, concluímos este evento com outra grande apresentação de prestação de contas e uma visita orientada ao chão de fábrica. Neste ponto, a jornada de produção enxuta estava indo na direção certa.

COMPLETANDO O 5S

Com o quarto trimestre agora à vista, emergiu o senso de urgência para as iniciativas 5S. Teresa concluiu com sucesso o 5S em suas outras células com a ajuda de seus colegas de trabalho. O entusiasmo dela com o 5S era grande e não tivemos que nos preocupar mais com as suas áreas. Dan e Kevin também trabalharam no sistema de auditoria do 5S e começaram a me enviar os resultados das auditorias semanais em todos os turnos. Assim como em todas as jornadas, houve algum nível de resistência e tentativa de colocar as coisas de volta o tempo todo, mas foi de menor importância.

As pessoas começaram a reparar na produtividade elevada, que estavam caminhando menos e que víamos menos confusão nessa primeira passagem da produção enxuta.

Agendamos uma reunião da comissão gestora do kaizen para discutir as últimas novas áreas para implementar o 5S. Em vez de fazer um evento kaizen, o qual realmente não parecia ser necessário, concordamos em selecionar um grupo de pessoas por um dia e simplesmente implementar o 5S. Me ofereci para ajudar voluntariamente.

Os grupos consumiram um dia inteiro terminando as áreas. Quando os grupos terminaram, eles decidiram agendar mais um evento. O que restou foi o departamento de revestimento que era supervisionado pelo Ray. Este evento foi marcado para dezembro.

EVENTO KAIZEN N° 3, 3-7 DE DEZEMBRO DE 2007: REVESTIMENTO

Alcançamos o último mês do ano e tínhamos apenas uma área a completar. Ray havia iniciado o 5S no almoxarifado também, mas a área de revestimento exigia o seu próprio evento. Como consultor, tenho que tomar as decisões difíceis a respeito do que cada empresa deve começar em seguida. Nos focamos puramente no 5S na maior parte do ano e não incorporamos qualquer técnica de redução do desperdício. Foi no evento de revestimento que eu quis tentar algumas abordagens novas. A Samson Rope contratou um residente da universidade local e conduzimos estudos de tempo e análise para fornecer à equipe ideias de tempo de ciclo, tempo de inatividade de máquina e deslocamento do operador. Basicamente, esta informação seria empregada para fazer mais melhorias no fluxo, fora do 5S. Tinha que saber se estavam prontos. As informações coletadas mostraram várias oportunidades de redução do desperdício. Com base nessas informações, Ray veio com uma nova ideia de leiaute que ajudaria o fluxo de entrada e saída do WIP.

A classificação foi leve neste evento e a fase de Organizar começou rapidamente. Metade da equipe trabalhou no 5S e até então não havia novidade para eles. Eles se tornaram sólidos veteranos do 5S. Um outro grupo trabalhou num sistema de sinalização para ajudar os trabalhadores a saberem que corda revestir em que pedido, com base na cor e nos prazos. A equipe do 5S demarcou uma zona de deposição para o WIP de entrada que seria então enfileirado em uma linha dedicada para uma determinada máquina de pintura. Isso permitia que o supervisor colocasse as coisas em ordem, conforme o necessário, e os trabalhadores poderiam simplesmente trabalhar nos itens da fila, diminuindo a confusão. Muitas ideias e técnicas ótimas foram implementadas para melhorar o fluxo. Gostaria de poder entrar em mais detalhes, mas estou mantendo as informações num nível mínimo aqui, já que parte delas é patenteada.

O movimento prosseguiu bem enquanto assistimos à área de revestimento se transformar na última peça do quebra-cabeças do 5S. A área foi completamente modificada para acomodar um fluxo melhor e a implementação do 5S foi concluída.

2007 CONCLUÍDO

A jornada de produção enxuta de 2007 com a Samson Rope foi espantosa. A empresa obteve recordes de melhoria na produtividade, resultado e entrega. O 5S não foi o único a contribuir para o seu sucesso, já que outros aspectos do negócio também melhoraram. Conforme o ano terminava, a fábrica de Lafayette, LA, estava começando a ficar ansiosa em relação a quando isto aconteceria com ela. Foi neste ponto que o alinhamento dos programas 5S da organização começaram.

LAFAYETTE, LA: AVALIAÇÃO DA PRODUÇÃO ENXUTA

Enquanto Ferndale começava a auditar com frequência e a se mexer para estabelecer a redução do tempo de *setup* e outros esforços de redução do desperdício, saltei de um avião na última semana de janeiro de 2008 e me dirigi para uma reunião com os empregados de Lafayette. Ron, o gerente da fábrica em Lafayette, já havia estado na fábrica de Ferndale e visto as melhorias feitas lá. Ron, Mark (vice-presidente de operações da Samson Rope) e eu discutimos o início da jornada de produção enxuta em Lafayette em 2008 com a intenção de implementar o 5S como um ponto de partida. Eu ainda queria fazer a minha avaliação para ver se havia outros elementos importantes a serem abordados.

Me encontrei com Mark e Paul, o novo gerente de compras (Ferndale). Eles estavam decaindo por outras razões, porém Mark quis demonstrar seu apoio a esta nova iniciativa. Eu fiz a minha avaliação, que durou o dia inteiro, para proporcionar à empresa um patamar de produção enxuta; uma de suas descobertas foi a necessidade do 5S.

Para ajudar a acelerar o processo e para enquadrar a fábrica no 5S até novembro de 2008, como preparação para os novos produtos que estavam por vir, agendamos um workshop intensivo e completo para preparar os supervisores da linha de frente. Visando manter um pouco de consistência, o treinamento foi similar às sessões conduzidas em Ferndale.

Falei bastante sobre desperdício, redução do espaço ocupado no chão de fábrica, 5S e eventos kaizen. Também inclui o treinamento em manutenção preventiva total. Mark estava ávido para começar a mexer com o 5S. Isso era necessário na fábrica e ele tinha uma visão de ajudar Lafayette a se transformar numa fábrica modelo. Assim como em Ferndale, perdemos muito pouco tempo e agendamos o primeiro evento kaizen. Ron, Mark, Paul, a agora recém-formada comissão gestora de kaizen de Lafayette e eu avaliamos as áreas potenciais. Como eu não havia gasto muito tempo lá, sugeri um evento kaizen de três dias para "molharmos os pés." Escolhemos a área de cordas grandes, chamada 901. O evento também envolveria uma pequena área de emendas. A comissão gestora de kaizen de Lafayette consistia nas seguintes pessoas:

Ron: Gerente da fábrica

Byron: Compras

Lisa: Supervisora de segurança/qualidade

Dave: Engenharia

Joann: Supervisor de despacho/recebimento

Chris: Supervisor de cordas grandes

Terry: Supervisor de manutenção

EVENTO KAIZEN N° 1, 20-22 DE FEVEREIRO DE 2008: LARGE ROPE 901

Agora que a fábrica de Ferndale tinha ampla experiência em 5S e eventos kaizen, Dan e Janet (a controladora) vieram ajudar no evento kaizen de Lafayette. A comissão gestora do kaizen selecionou um grupo multidisciplinar de empregados para compor a equipe. Assim como nos eventos de Ferndale, este evento envolveu os trabalhadores da linha de produção, os operadores de máquina, a manutenção, a qualidade e o escritório. Deveria ser um evento curto, então teria que andar rápido. A classificação num evento de três dias precisava ser concluída até o almoço no primeiro dia, de modo que pudéssemos passar rapidamente para a fase de Organizar. Chris, o supervisor de Cordas Grandes, foi escolhido como líder da equipe para este evento.

Fomos direto para a classificação e abrimos todos os armários, gavetas, caixas de ferramenta e unidades de armazenamento. Dan, de Ferndale, continuou em seu papel de homem sujo; ele escalou as máquinas grandes na área de Cordas Grandes e começou a limpar e soprar a sujeira que havia se acumulado com o tempo. Todos os outros começaram a identificar os itens desnecessários e a colocá-los em uma área de etiquetas vermelhas. O processo estava andando rápido – tão rápido que a equipe teve que ir para as latas de lixo externas e pegar as coisas que não haviam sido suficientemente avaliadas na área de etiquetas vermelhas; havia coisas que precisavam ir para a manutenção. Isso foi um pouco cômico e acontece quando as pessoas ficam excitadas.

Passamos voando pela triagem e nos reunimos para almoçar e discutir os avanços. A maior parte da classificação estava feita e começamos logo a fase de Organizar. Byron se concentrou em limpar o maquinário e em aplicar pintura nova. Outros membros da equipe começaram a construção do quadro de ferramentas, tentando usar a mesma abordagem da equipe de manutenção de Ferndale. As pessoas estavam demarcando o chão e criando lugares para todos os suprimentos. A área 901 possuía um suprimento comum de engrenagens em um armário, sendo necessário um intenso vai e vem durante o dia para configurar as máquinas. Então, os operadores da equipe identificaram as engrenagens necessárias em cada máquina e instalaram *racks* de engrenagem perto dos controles das máquinas para eliminar o desperdício de movimentos. Tudo foi pintado. Quero dizer, *tudo*.

Dan continuou o seu trabalho de limpeza. Janet, de Ferndale, se focou na etiquetagem. Chris foi um grande líder de equipe. Sua capacidade de gerenciar pessoas e mantê-las concentradas era excepcional. Tive que intervir poucas vezes, porém os incidentes foram essencialmente pequenos.

A equipe limpou a pequena área de emendas e fez algumas mudanças no leiaute para melhorar o fluxo global de pessoas e materiais. Os locais de entrada e saída para o WIP foram estabelecidos e os quadros de ferramentas estavam sendo feitos. Aumentamos a pressão no segundo dia. Estava se formando rapidamente um nível de competição entre as fábricas, já que o pessoal de Lafayette queria realmente mostrar as suas coisas. Eles tinham um entusiasmo igual pelo que era para ser feito.

Também foi importante reconhecer o trabalho que haviam feito em sua caixa de suprimentos do kaizen. Marty, um dos empregados da manutenção, construiu o que seria provavelmente a maior caixa de suprimentos que eu já vi e eu estava carregado para o evento. No entanto, a comissão subestimou o volume de pintura necessária, exigindo algumas idas à loja de materiais local. Mais uma vez, esta é uma ocorrência comum aos eventos kaizen.

Encerramos o evento kaizen no terceiro dia com quase nenhum item de ação. Foi um belo começo para eles e ficaram animados com o próximo evento kaizen. Antes de ir para casa, passei algum tempo com Ron discutindo os prós e contras do evento e as expectativas da sua recém-formada comissão.

Ron estava dando apoio total e agendamos uma teleconferência a ser realizada durante a próxima reunião de kaizen. Embarquei num avião na manhã seguinte e fui para casa.

EVENTO KAIZEN N° 2, 7-11 DE ABRIL DE 2008: ÁREA G, ÁREA D E ÁREA B

Cerca de duas semanas mais tarde, telefonei para a fábrica de Lafayette para ouvir a reunião da comissão gestora do kaizen. Debatemos o evento anterior, os avanços, as lições aprendidas e o próximo evento kaizen. Devido ao sucesso do evento, e pelo fato de terem mantido a área 901 do evento anterior, agendamos um evento com múltiplas equipes e que duraria uma semana inteira. A comissão escolheu três áreas, bem como os líderes e membros das equipes. O evento foi agendado para o início de abril, sendo que Kevin e Teresa, de Ferndale, também se ofereceram para ajudar. Ken também estava chegando em outro negócio.

Nos mostramos vigorosos e começamos o primeiro dia com as atividades habituais. Foi feita muita classificação na preparação para o evento, já que as pessoas em Lafayette estavam ficando animadas com a melhoria e não podiam esperar. Esse tipo de entusiasmo é ótimo e eu sempre encorajo as pessoas a fazerem a classificação mais cedo, se quiserem. No primeiro dia, Lisa, a supervisora de segurança e qualidade, veio a mim e pediu para que visse o departamento dela. Ela já tinha começado em sua área e estava no processo de implementação do 5S em seu tempo livre, com a ajuda de seus empregados. Eu estava feliz por ver outras atividades em andamento fora dos eventos kaizen. A motivação estava alta em Lafayette.

As equipes trabalharam bastante na classificação e passaram para a fase de Organizar no final do primeiro dia. Teresa e Kevin, de Ferndale, se tornaram cofacilitadores, ajudando os líderes de equipe a encontrarem o seu caminho. Eles não precisaram ajudar tanto, mas quando o fizeram tomaram as decisões necessárias.

Assim como no primeiro evento, utilizou-se fita adesiva para delinear os corredores e as localizações no chão. O equipamento estava ficando limpo e pintado. As engrenagens estavam sendo retiradas das áreas comuns e colocadas direto nas máquinas para as aplicações no ponto-de-uso. Os quadros sombreados para as ferramentas e os suprimentos de limpeza estavam sendo construídos e preenchidos lentamente com os itens necessários. Ron, o gerente da fábrica, foi visto muitas vezes no chão de fábrica avaliando o progresso e demonstrando seu apoio ao projeto.

Não houveram paralisações reais, mas apenas alguns redirecionamentos aqui e ali para manter as coisas andando. Conforme os eventos kaizen chegam ao fim, as pessoas precisam trabalhar nos itens importantes. Por exemplo, se a equipe estiver no quarto dia e as pessoas estiverem limpando carrinhos de mão, mas nenhum quadro de ferramentas estiver pendurado, o líder do evento deve fazer o redirecionamento. Isso aconteceu algumas vezes neste evento, mas nada de maior importância. Foi o segundo evento em Lafayette e os líderes de equipe estavam aprendendo com o caminhar das coisas e indo muito bem. Quando o evento se aproximava do fim, algumas das equipes estavam terminando mais cedo e deslocamos as pessoas para ajudarem as outras equipes que ainda não haviam completado o seu trabalho.

Concluímos com outra ativa apresentação de prestação de contas e eu expressei a minha satisfação com o progresso deles. Era um grupo divertido de se trabalhar e fiquei animado com meu próximo retorno.

EVOLUÇÃO DA SAMSON ROPE: FERNDALE E LAFAYETTE

Adicionei esta parte do capítulo perto da minha apresentação à Prentice Hall. Os eventos kaizen continuaram na fábrica de Lafayette. Compareci a outros dois eventos, um em junho e outro em agosto de 2008. Cada um deles foi tão bem-sucedido quanto os eventos anteriores. Lafayette foi capaz de concluir a implementação do 5S em toda a fábrica até o final do ano. Também foi realizado um treinamento adicional para apresentar os possíveis próximos passos. Fizemos treinamento em manutenção preventiva total, redução do tempo de *setup*, estudos de tempo, mapeamento de processo e troca rápida de ferramentas.

A fábrica de Ferndale passou o ano de 2008 aprendendo sobre o mapeamento do fluxo de valor, estudos de tempo e aumento do tempo de atividade, sendo que conduzimos uns poucos eventos kaizen para reduzir ainda mais o desperdício, criar quadros de programação visual e examinar os sistemas de reposição de materiais. Ferndale também refinou o seu sistema de auditoria do 5S, o qual incorporava um programa de rotação de auditores e incentivos trimestrais para as maiores pontuações no 5S. Independentemente desta grande história, ambas as fábricas tiveram desafios, contratempos e lutas, como em qualquer jornada de produção enxuta. A produção enxuta na verdade é um campo de batalha, podendo ser mais difícil após a conclusão do 5S.

Ambas as fábricas têm que encontrar um equilíbrio entre fazer a rotina e realizar a melhoria contínua. A produção enxuta é feita com dois passos para frente, um passo para trás. A resistência aparecerá em qualquer nível ao longo do caminho. A mudança é sempre dura, mesmo para as organizações que têm praticado a produção enxuta por muitos anos. O ponto de partida é que a Samson Rope provou a si mesma que pode exercer a produção enxuta. E é este impulso continuado para ser o melhor que os manterá no topo na indústria de fabricação de cordas.

OUTROS EMPREGADOS DA SAMSON ROPE QUE MERECEM RECONHECIMENTO

- Eston
- Ron
- Mike
- Marlene
- Bill
- Asad
- Chris

Espero ter mencionado todos vocês.

Conclusão 8

Meu objetivo ao escrever este livro foi o de lhe transmitir os elementos básicos necessários para apoiar a melhoria contínua. O programa de kaizen empresarial se provou muito bem-sucedido em proporcionar às organizações visão, foco e direção para fazer com que a produção enxuta se torne parte integrante de seus negócios. Também é importante entender que utilizar a produção enxuta em sua versão "didática" é perigoso, já que qualquer jornada deve ser personalizada para as necessidades, processos, produtos, base de clientes e empregados da empresa. Espero que você venha a ter os conceitos de comissão gestora do kaizen, coordenador do kaizen, sistema de comunicação da produção enxuta, acompanhamento, escolha de equipe, escolha do líder de equipe, facilitação do evento kaizen e muitas outras ideias descritas aqui e os personalize para a cultura única dentro de sua empresa. Só então você pode ter sucesso com o kaizen e a produção enxuta. Eu lhe desejo toda a sorte em seus empreendimentos de produção enxuta.

Chris Ortiz
Kaizen Assembly

Índice

A

Acompanhamento, 52-54
  data e duração, 56-57
  escolha do evento, 54-56
  eventos 5S, 117-118
  itens de ação, responsabilidade e *status*, 59-60
  líderes de equipe do evento, 56-57
  membros da equipe, 56-58
  metas pré-evento, 58-59
  orçamento e gastos, 58-60
  pré-planejamento e responsabilidade no pré-planejamento, 57-59
  responsabilidades do coordenador, 79-80
  resultados, 58-59
  reuniões mensais de, 59-62
  Samson Rome Technologies, Inc., 148
Ajuda externa, agendando, 88-89, 100
Alternativas aos coordenadores, 80-82
Amostras na coleta de dados, 124-125
Analisando os dados coletados, 92
Análise de processo, 121-127
Análise do desperdício, 88-91
Apresentação das ferramentas, 131-133
Apresentações
  eventos 5S, 112-113
  eventos de trabalho padronizado, 138
  ferramentas, 131-133
Apresentações de prestação de contas
  eventos 5S, 112-113
  eventos de trabalho padronizado, 138
Atividade de classificação da etiqueta vermelha, 105-106

Atualizando
  sistemas de comunicação, 88-89, 100
  suprimentos e recursos externos, 91-92, 100-101
Avaliação
  da produtividade atual, 84-85
  da superfície de trabalho, 107
  das sugestões, 84-85
  das vendas e do resultado, 83-85
  do desempenho, 84-85

B

Balanceadores de ferramenta, 132-133
Balanceamento da linha de produção
  examinando, 128-129
  regras, 125-127
Benefícios do kaizen, 35-36
Boletins informativos
  descrição, 62-64
  gerando, 88-89, 100
  responsabilidades do coordenador, 78-79

C

Caixa de suprimentos do evento
  construindo, 98-99
  eventos 5S, 108
  para os suprimentos, 87-88, 91-92
  Samson Rope Technologies, Inc., 144-145
Caixas de sugestão
  descrição, 63-65
  responsabilidades do coordenador, 79-80
Campanhas de etiqueta vermelha, 102-105

Capturando o conteúdo do trabalho, 123-124
Células em forma de U, 129-131
Coletando dados
   condição atual, 71-72, 92, 101
   estudo de tempo, 122-123
   eventos 5S, 105
Comissões gestoras, 45-47
   gestão da engenharia de produção, 46-48
   gestão da fábrica e geral, 46-47
   gestão da qualidade, 47-48
   gestão de compras e material, 49-50
   gestão de manutenção e das instalações, 49-50
   gestão de operações e da produção, 48-49
   gestão de recursos humanos, 48-50
   representantes dos operadores, 51-52
   Samson Rope Technologies, Inc., 144
   supervisores de produção, 50-51
Completando a Samson Rope Technologies, Inc., 150-153
Comunicação
   boletins informativos, 62-64
   caixas de sugestão, 63-65
   elaboração, 61-62
   erros comuns, 37-38
   Samson Rope Technologies, Inc., 144-145
   sistemas de atualização, 88-89, 100
Condição atual, coletando, 71-72, 92, 101
Conjunto de habilidades dos coordenadores, 68-75
Conteúdo do trabalho, documentando, 122-124
Coordenadores, 67-68
   alternativas, 80-82
   conjunto de habilidades, 68-75
   custos, 75-77
   escolhendo, 75-77
   finalidade, 81-82
   necessidades dos, 67-69
   responsabilidades, 77-81
   visão geral, 51-53
Cor das luzes de sinalização, 137
   cor amarela nas luzes, 137
   cor verde nas luzes, 137
   cor vermelha nas luzes, 137

Cronogramas 83-84
   ajuda externa, 88-89, 100
   análise do desperdício, 88-91
   análise dos dados coletados e ideias de projeto, 92
   atualizações do sistema de comunicação, 88-89
   atualizando os suprimentos e os recursos externos, 91-92
   coleta de informações sobre a condição atual, 92
   colocação dos suprimentos, 92
   equipes. *Leia* Equipes.
   escolha da sala, 91-92
   escolha do processo/departamento/área de trabalho, 83-85
   estimativas de gastos, 86-88
   eventos, 61-62
   preparação dos alimentos, 94
   reuniões do gerente da fábrica e geral, 93
   suprimentos, 87-89
Cronômetros para os estudos de tempo e movimento, 122-123
Culturas orientadas ao processo, 31-32
Custos dos coordenadores, 76-78

D

Dados coletados, analisando, 92
Demarcando as áreas de trabalho
   eventos 5S, 108
   eventos de trabalho padronizado, 136
Departamento de revestimento na Samson Rope Technologies, Inc., 151
Diagramas espaguete
   para a condição atual, 72-73
   para escolha da área, 97-98
Dicas de manutenção para os eventos 5S, 115-118
Distância, a percorrer, 42-43
Diversidade nas equipes, 75
Documentando o conteúdo do trabalho, 122-125
Duração, acompanhamento, 56-57

E

Efeito de "choque e pavor", 36
Eliminação do desperdício, 31-32. *Leia também* Sete desperdícios mortais
Engenheiros de produção
   nas comissões gestoras, 46-48
   responsabilidades, 32-33, 45
Entrada do operador de linha, 63-64
Equipe do kaizen, 32-33
Equipes
   classificando, 102-105
   erros comuns, 38-39
   estabelecimento de metas, 86-87, 98-99
   finalizando, 90-92, 100
   gastando tempo na escolha da área, 91-92, 101
   listas provisórias, 84-86, 98-99
   monitoramento, 56-58
   multifuncionais e diversas, 75
   reunindo-se com, 92, 101-102
Equipes de etiqueta vermelha, 127-128
Equipes multifuncionais, 75
Erros, eliminando, 41
Escolha
   áreas, 97-98
   coordenadores, 75-77
   eventos, 54-56
   líderes, 56-57, 85-87, 97-99
   local de reunião, 100
   processo/departamento/área de trabalho, 83-85
   salas, 91-92
Espaço morto, 107
Estações de trabalho
   sinalização, 135-136
   visão geral, 42-43
Estimando os gastos, 86-88
Estoque, 40, 126-127
Estudo de caso, *Leia* Samson Rope Technologies, Inc.
Estudos de tempo e movimento, 90-91
   eventos de trabalho padronizado, 121-126
   habilidade do coordenador para, 71-72
Evento de limpeza
   eventos 5S, 107-112, 114-116
   eventos de trabalho padrão, 129-132

Eventos 5S, 97
   assistência externa, 100
   atualizações do sistema de comunicação, 100
   atualizando suprimentos e recursos externos, 100-101
   coleta de informações da condição atual, 101
   coordenadores dos, 69-71, 81-82
   dicas de manutenção, 115-118
   equipes. *Leia* Equipes.
   escolha da área, 97-98
   escolha do local de reunião, 100
   eventos de Classificação, 102-107, 113-115
   eventos de Organizar e Limpar, 107-112, 114-116
   gastos, 98-99
   manutenção, 112-114
   padronizar eventos, 111-113
   planilhas de acompanhamento, 117-118
   planilhas de auditoria, 116-118
   programas de incentivo, 118
   reuniões do gerente da fábrica e geral, 102
   suprimentos, 98-99, 102
Eventos de classificação
   áreas de etiqueta vermelha, 105-106
   eventos 5S, 102-105, 113-115
   Samson Rope Technologies, Inc., 151, 153-155
Eventos de manutenção
   5S, 112-114
   eventos de trabalho padronizado, 129-132
   Samson Rope Technologies, Inc., 148-150
Eventos de organização
   5S, 107-112, 114-116
   eventos de trabalho padronizado, 129-130
   Samson Rope Technologies, Inc., 151
Eventos de trabalho padronizado, 119
   apresentação das ferramentas, 131-133
   encerrando, 138
   equipes de etiqueta vermelha, 127-128
   gestão visual, 133-135
   itens de ação, 129-131, 133-135
   limpeza/brilho, 131-132

luzes de sinalização, 137
marcação do chão e designações, 136
níveis de produção de submontagem, 136
pré-planejamento, 120-127
projetos de linha, 129-131
projetos de manutenção e de oficina, 131-132
quadros sombreados, 132-133, 137
reuniões de início dos trabalhos, 126-127
reuniões do final do dia, 129-130
reuniões do meio-dia, 130-132
sinalização das estações de trabalho e dos *racks* de componentes, 135-136
submontagens, 132-134

F
Fechando eventos de trabalho padronizado, 138
Finalizando os membros da equipe, 90-92, 100

G
Gastos
  estimando, 86-88
  eventos 5S, 98-99
  monitorando, 58-60
Gerentes
  de compras ou materiais nas comissões gestoras, 49-50
  de fábrica
    nas comissões gestoras, 46-47
  de manutenção ou das instalações nas comissões gestoras, 49-50
  de operações nas comissões gestoras, 48-49
  de produção nas comissões gestoras, 48-49
  de qualidade nas comissões gestoras, 47-48
  de recursos humanos nas comissões gestoras, 48-50
  gerais nas comissões gestoras, 46-47

responsabilidades de melhoria, 32-33
reuniões com, 93, 102

H
Habilidade
  de coleta de dados dos coordenadores, 70-73
  de diminuição do tempo de *setup* dos coordenadores, 72-73
  de fluxo de trabalho dos coordenadores, 73-74
  de gerenciamento de projetos dos coordenadores, 75
  em troca rápida de ferramentas dos coordenadores, 72-73

I
Ideias de projeto, 92
Indicadores
  distância a percorrer, 42-43
  espaço no chão de fábrica, 42-43
  estações de trabalho, 42-43
  estoque/WIP, 40
  melhorias na qualidade, 40-41
  produtividade, 40
Informações de reclamações dos clientes, 84-85
Informações sobre qualidade interna, 84-85
Inspeções, 116-117
Inspeções de turno, 116-117
Inspeções diárias, 116-117
Investimento em coordenadores, 76-77
Itens de ação
  5S, 112-113
  acompanhamento, 59-62
  acompanhamento do coordenador, 79-81
  eventos de trabalho padronizado, 129-131, 133-135
  Samson Rope Technologies, Inc., 147

K
Kaizen Assembly: Designing, Constructing and Managing a Lean Assembly Line, 62-63, 139

L

Latas de lixo, 107
Lessons from a Lean Consultant, 33-34
Líderes, 32-35
    acompanhamento, 56-57
    escolha, 56-57, 85-87, 97-99
    eventos de trabalho padronizado, 130-131
    responsabilidades do coordenador, 79-80
Limitações das caixas de ferramentas, 108
Limitações dos armários, 108
Limpeza/brilho, 131-132
Linhas de montagem
    estudos de tempo e movimento, 121-122
    projeto de eventos de trabalho padronizado, 129-132
Listas provisórias de membros da equipe, 84-86, 98-99
Luzes de sinalização, 137

M

Mapeamento do fluxo de valor (MFV), 71-72, 90-91
Marcação com fita e designações no chão
    eventos 5S, 108, 111-112
    eventos de trabalho padronizado, 136
Materiais
    habilidade do coordenador para, 73-74
    organizando, 111-112
Melhorias mensuráveis, 35-36
Melhorias na qualidade, 40-41
Melhorias não mensuráveis, 35-36
Metas, 39
    acompanhando, 58-59
    estabelecendo, 86-87, 98-99
Metas pré-evento, 58-59
Modo evento-produção enxuta, 36
Monitorando as responsabilidades do coordenador, 80-81
Mudança cultural da empresa, 31-32

O

Opções externas para os coordenadores, 76-77
Opções internas para os coordenadores, 76

Operadores
    fase de coleta de dados, 123-124
    insumos dos, 63-64
    nas comissões gestoras, 51-52
Orçamento
    acompanhando, 58-60
    gerenciando, 75
Organização dos componentes, 111-112

P

Padronizar evento, 111-113
Pessoal da manutenção nas comissões gestoras, 49-50
Pintura, 108-109
Planejando eventos
    agendando, 61-62
    erros comuns, 38
Planilhas de trabalho
    acompanhamento, 52-54
    responsabilidades do coordenador, 79-80
Prazos
    itens de ação, 60-61, 112-113
    retirada da etiqueta vermelha, 106
Preparação dos alimentos, 94
Pré-planejamento
    acompanhamento, 57-59
    eventos de trabalho padronizado, 120-127
Procedimento de retirada da etiqueta vermelha
    eventos de trabalho padronizado, 129-130
    prazos, 106
Procedimentos de limpeza do final do dia, 116-117
Processo de organização, 106
Produtividade
    avaliando, 84-85
    melhorias, 40
Programas de incentivo, 118
Programas de kaizen empresarial, 45-46
    acompanhamento. *Leia* Acompanhamento
    comissões gestoras do evento. *Leia* Comissões gestoras
    comunicação, 61-65
    coordenadores, 51-53

Projetos de linha de produção
   eventos de trabalho padronizado, 129-131
   habilidade do coordenador para, 73-74
Projetos de melhoria rápida, 36
Projetos de oficina, 131-132
Providenciando suprimentos, 87-89

Q

Quadros de comunicação
   descrição, 62-63
   responsabilidades do coordenador, 78-79
Quadros de ferramenta, 109-112, 114-115
Quadros sombreados
   eventos 5S, 109-112, 114-115
   eventos de trabalho padronizado, 132-133, 137

R

Recursos externos, atualizando, 91-92, 100-101
Reduções no espaço do chão de fábrica, 41-43
Remoção, etiqueta vermelha, 106, 129-130
Remoção da maior amostra dos estudos de tempo, 124-125
Remoção da menor amostra dos estudos de tempo, 124-125
Requisitos de volume, 120-121
Responsabilidades
   acompanhamento, 59-60
   coordenadores, 77-81
Responsabilidades do treinamento, 77-79
Resultados
   acompanhamento, 58-59
   reuniões mensais de, 60-61
Resultados anteriores, reuniões para, 60-61
Retratores de ferramentas, 132-133
Reuniões
   com gerentes, 93, 102
   de início dos trabalhos, 126-127
   do final do dia, 127, 129-130, 147
   do meio-dia, 130-132
   equipe, 92, 101-102
   escolha do local, 100

   mensais, 59-62, 78-79, 144-145
   para monitoramento, 59-62
   responsabilidades do coordenador, 78-79
   Samson Rope Technologies, Inc., 144-145
   Samson Rope Technologies, Inc., 139-141

S

Salas de aula para treinamento, 77-78
Salas de conferência, 91-92
Salas de treinamento, 91-92
Samson Rope Technologies, Inc., 139-140
   área de Cordas Grandes, 153-155
   avaliação da produção enxuta, 143, 152-154
   caixa de suprimentos do evento, 144-145
   células e *splicing*, 144-148
   comissão gestora, 144
   completando, 150-153
   comunicação, 144-145
   eventos de área, 155-157
   manutenção, 148-150
   progresso, 156-157
   reunião inicial e visita guiada, 139-141
   reuniões mensais, 144-145
   revestimento, 151
   sessões de estratégia, 143
   sistema de auditoria e acompanhamento, 148
   treinamento de implementação, 140-142
   visita de retorno, 141-142
sessões de estratégia da Samson Rope Technologies, Inc., 143
Sete desperdícios mortais
   avaliando, 84-85
   eventos 5S, 98-99
   eventos de trabalho padronizado, 126-127
   habilidade do coordenador para, 68-70
   Samson Rope Technologies, Inc., 144-145
   sem valor agregado, 90-91
Sinais, 135-136
Sinais dos racks de componentes, 135-136

Sistema de auditoria
  eventos 5S, 116-118
  Samson Rope Technologies, Inc., 148
Splicing na Samson Rope Technologies, Inc., 144-148
Submontagens, 132-134, 136
Superfícies, avaliando, 107
Supervisores de produção nas comissões gestoras, 50-51
Suprimentos
  atualizando, 91-92, 100-101
  colocando no local de encontro, 92, 102
  eventos 5S, 98-99
  organizando, 111-112
  providenciando, 87-89

T

Takt time, 120-122
Tempo, balanceando a linha pelo, 125-126
Tempo de contato, 120-121
Tempo efetivo nos eventos de trabalho padronizado, 120-121
Trabalho com valor agregado, 90-91
Trabalho em andamento (WIP), 40, 127
Trabalho sem valor agregado, 90-91

V

Visão geral da produção enxuta, 31-32
  habilidade do coordenador, 69-70
  liderança, 32-35
  Samson Rope Technologies, Inc., 143, 152-154
  transformação para, 32-34
Visão geral do kaizen
  benefícios, 35-36
  líderes, 32-35
  pessoas, 32-33
  visão geral, 31-32
Visão geral dos eventos, 36-37
  5S. *Leia* eventos 5S
  acompanhamento. *Leia* Acompanhamento
  comissões gestoras. *Leia* Comissões gestoras
  cronogramas. *Leia* Cronogramas
  erros comuns, 37-39
  escolha, 54-56
  habilidades do coordenador, 70-71
  métrica, 40-41
  trabalho padronizado. *Leia* Eventos de trabalho padronizado
Visibilidade
  eventos 5S, 114-115
  eventos de trabalho padronizado, 133-135
  ferramentas, 107-109
  habilidade do coordenador para, 69-71

Gráfica
METRÓPOLE

www.graficametropole.com.br
comercial@graficametropole.com.br
tel./fax + 55 (51) 3318.6355